KB206236

쉽고 재미있는 성경 개요
1

성경을 이해하기 위한 첫 걸음

쉽고 재미있는

성경
개요

1

김영호 지음

머리글

목이 말랐다.

하루이틀 지나면 괜찮아지려나 생각했는데 목마름은 더욱 심해졌다. 마음판에 단비가 내린 게 언제인지, 이미 마음판은 메마른 바둑판이 되어 갈라지고 있었다. 영혼의 몸뚱아리도 마찬가지였다. 뼈만 앙상하게 남았다. 매주일마다 응급실에 누워있는 환자처럼 영양주사를 맞았지만 임시처방에 불과했다. 목은 계속 말라갔고 몸은 계속 야위어 갔다.

부끄러운 고백이지만 신학대학원을 간 것은 생존본능이었다. 목회라는 거대한 소명 때문이 아니었다. 내 영혼이 보내는 S.O.S. 신호에 대한 최소한의 '예의' 같은 거였다. 말라버린 내 영혼이 불쌍했다. 타인에 대한 측은지심 이전에 내 영혼에 대한 안타까움이 나를 이끌었다.

신학대학원의 작은 강의실에서는 수업시간마다 눈에 보이

지도 않을 정도로 가는 단비가 내렸다. 기대했던 거대한 폭풍우가 아니었다. 여전히 마음판은 갈라져 있었고 영혼은 비어 있었다. 하지만 시나브로 그 말씀의 단비가 말라버린 마음판 사이 사이에 스며들었다. 아무 맛도 나지 않았던 말씀의 만나는 마치 신기한 마법처럼 조금씩 조금씩 달콤한 송이꿀로 변해갔다.

말씀은 그렇게 사람을 살린다.
허공을 응시하던 눈동자를 돌려서 과녁을 응시하게 한다. 털썩 주저앉아 있던 영혼의 손을 붙잡고 다시 일으켜 세운다. 터덜터덜 걸어가던 무력한 다리에 근육을 붙여서 마치 20대의 청년처럼 목표를 향해 달려가게 한다. 메마르고 무뚝뚝한 얼굴에 평화의 흔적을 새긴다. 그리고 결국 예수님의 부활이 나의 부활이 되도록 내 작은 삶을 이끌어간다. 말씀은 그렇게 사람을 살린다.

함께걷는교회를 가정에서 개척한 후 처음 시작한 사역이 바로 성경통독이었다.

서두르지 않았다. 거창한 계획을 세우지도 않았다. 성령께서 마음판에 새기신 단 한 절의 말씀이 인생을 바꾸고 인생을 움직인다. 그 사실을 믿었다. 성도들에게 무리하지 말고 매일한 장씩 말씀을 묵상할 것을 권면했다. 이 책은 바로 그 성경 묵상의 과정에서 나온 조그마한 산물이다.

"무작정 성경을 읽기보다는 당신이 각 성경마다 개요를 설명해 줬으면 좋겠어요. 그런데 너무 길지 않았으면 좋겠어요. 그리고 너무 어렵지도 않게요. 유익하되 재미있었으면 좋겠고요."

아내는 예수님이 다시 재림하셔야만 쓸 수 있을 것 같은 신박한 성경 개요를 요구했다. 사실 불가능한 요구사항이었다. 하지만 성경 말씀이라는 정식을 식탁에 차리기 전에 가벼운 애피타이저 같은 성경 개요를 내미는 것도 의미가 있을 것 같았다. 한편으로는 주책도 없이 설렘이라는, 출처를 알 수 없는 감정이 밀려오기도 했다. 불가능이라는 명제가 설렘이라는 감정을 집어삼키기 전에 글을 써내려가기 시작했다.

처음에는 한 번 마태가 되어 보기로 했다. 그래서 마태의 일기라는 장르로 마태복음을 설명했다. 뵈뵈가 되어서 로마 제국을 거닐어 보기도 했다. 야고보와 루터가 천국에서 만나서 어떤 얘기를 나누었을까 상상하며 야고보서를 설명했다. 요한 1, 2, 3서는 스크루테이프의 편지를 패러디했다. 심지어 이단의 교주가 되어 요한계시록을 거꾸로 바라보기도 했다. 창세기는 신학대학원의 강의실을 옮겨서 설명했고 여호수아는 군입대를 앞둔 아빠와 아들의 대화장면으로 채웠다. 때로는 페트라와 통곡의 벽을 방문한 관광객이 되기도 했고 블록버스터 영화 요엘을 만든 영화감독이 되기도 했다.

설렘과 기쁨이라는 감정이 마태복음에서 시작해서 말라기까지 내 마음을 채웠다. 드디어 말라기의 성경 개요를 마무리하는 순간, 설명할 수 없는 복잡한 감정이 밀려왔다. 이상한 변호사 우영우의 마지막 장면에서 우영우 변호사는 자신의 감정을 '뿌듯함'이라고 말했는데 그런 감정과 비슷한 감정이 아닐까 싶다. 이런 글들을 읽고 격려해주는 우리 교회 성도들이 뿌듯했다. 성도들의 칭찬은 목회자를 춤추게 한다. 이제 또 우리 교회 성도들을 향해 어떤 성경과 신학의 프로젝트를 진행할지 꽤 기대가 된다.

쉽고 재미있는 성경 개요를 쓰겠다는 게 1차적인 목표였지만 각 성경마다 담겨있는 신학적 깊이를 놓치지 않기 위해 노력했다. 그래서 여러 권의 주석과 스터디 성경, 유튜브의 바이블스터디 등을 참조했다. 아무쪼록 이 책이 성경이라는 보물을 캐내기 위한 사전 답사로서의 역할을 충실하게 감당하기를 바란다. 녹록하지 않은 출판시장에서 이 책의 출간을 결심하고 또 격려해 주신 함께걷는사람들의 김용민 목사님에게도 감사드린다.

무엇보다도 66권의 성경말씀을 통해 사람들을 구원에 이르도록 인도하시는 삼위 하나님께 모든 영광을 돌린다.

2023. 6. 10.

안양천이 바라보이는 서재에서

김영호

주의 말씀은 내 발에 등이요

내 길에 빛이니이다

시편 119:105

Contents

일러두기

이 책은 성경의 내용을 기반으로 하되 독자들의 이해를 돕기 위해서 가상
의 상황을 가정하고 썼습니다.

성경 인물 이외에 등장하는 모든 인물은 가상의 인물이며, 성경의 저자와
저작 연대에 대해서는 일반적인 견해를 따랐으나 다른 의견도 있을 수 있
음을 감안하고 읽어 주시기 바랍니다.

모세오경

창세기

K 신학대학 창세기 오리엔테이션

장교수　이번 학기는 모세오경 중에서 창세기를 공부할 겁니다.
　　　　오늘은 첫날이니까 간단하게 오리엔테이션만 하고 마
　　　　칠게요. 우선 질문을 좀 받겠습니다. 혹시 창세기에 대
　　　　해서 궁금한 점이 있나요?

학생1　교수님, 제가 알기에는 고대 근동 지역에 다른 창조설
　　　　화도 있는 것으로 알고 있는데요, 창세기하고 비슷한
　　　　것 아닌가요?

장교수　네, 물론 대부분의 고대 사회가 그랬던 것처럼 고대 바
　　　　빌로니아에도 창조설화가 있어요. 그런데 창세기하고
　　　　는 많이 다르죠. 우선 고대 근동 지역에는 여러 신들이

있는 것으로 나와요. 하지만 창세기는 유일하신 한 분 하나님을 선포하죠. 그리고 인간에 대한 생각이 달라요. 창세기는 하나님의 형상대로 인간을 만들고 하나님이 인간에게 양식을 공급해 주시죠. 하지만 다른 창조설화는 신들이 일하기 귀찮아서 인간을 부려 먹으려고 인간을 창조하는 것으로 묘사가 돼요. 무엇보다도 창세기의 하나님은 도덕적이에요. 인간의 죄를 매우 심각하게 생각하죠. 그런데 바빌로니아의 신들은 인간과 크게 다를 바가 없어요. 시기하고 질투하죠. 자기들끼리도 싸워요. 저와 같이 창세기를 공부하시면서 거룩한 하나님을 알게 되실 거예요. 또 다른 질문?

학생2   창세기를 보니까 50장까지 있더라고요. 내용도 길고요. 창세기를 보는 눈이 열렸으면 좋겠어요.

장교수   맞아요. 무작정 읽어나가는 것보다 구조를 잡고 읽으면 훨씬 더 은혜가 될 거예요. 오늘은 오리엔테이션 시간이니까 창세기의 기본 구조를 말씀드릴게요. 창세기는 1장부터 11장까지를 한 단락으로, 12장부터 50장까지를 또 다른 단락으로 구분해서 읽으면 훨씬 더 이해하기 좋을 거예요. 우선 여러분들이 창세기 1장 1절에 대한 신앙고백이 있는지를 먼저 점검해 보세요. 창세기 1장 1절을 믿지 못하면 그저 여러분의 지적 욕구나 만족시키는 책으로 전락할 거예요. 하나님의 창조로부터 모든 세계가 시작되었다는 믿음으로 창세기는 시작해요. 그런데 왜 제가 이렇게 창세기를 두 부분으로 나눴을까요? 아는 사람?

학생3   12장부터는 이스라엘 민족의 역사를 다루고 있는 것으로 알고 있습니다. 11장까지는 모든 나라, 모든 민족에게 공통적으로 해당되는 인류의 원시 역사를 다루고 있고요.

장교수   오, 맞아요. 4가지 사건, 4족장으로 창세기를 읽으면 좀더 이해가 빠를 것 같아요.

학생3   그게 무슨 의미인가요?

장교수   1장부터 11장까지는 인류 공통의 역사를 다루고 있는데요, 기억해야 할 4가지 사건이 있어요. '창조, 타락, 홍수 심판, 바벨탑 사건' 이렇게 4가지지요.

간단히 설명하면, 하나님이 온 세계를 '창조'하셨어요. 물론 인간을 포함해서요. 그런데 인간이 죄를 짓게 돼요. 그걸 '타락'이라고 이름 붙여보죠. 사실 인간이 타락하지 않았다면 성경은 기록될 필요가 없었겠죠. 왜냐하면 인간의 타락으로 모든 인간이 사망의 저주 아래 놓이게 되었으니까요. 인간이 어떻게 사망의 저주로부터 구원받을 수 있는가, 그게 인간들의 숙제가 된 거죠. 그리고 그 해답이 성경 전체에 나와 있어요. 물론 그 해답은 창세기에도 등장해요.

학생4 아, 교수님. 말씀 중에 죄송합니다. 창세기에 인간의 구원에 대한 해답이 나와 있다고요? 인간의 구원에 대한 해답은 적어도 구약의 선지서나 신약에 가야지만 발견할 수 있는 것 아닌가요?

장교수 창세기 3장 15절을 보면 여자의 후손을 통해 인간이 구원받을 것이라는 계시가 나와요. 신학대학에 올 정도면 그 여자의 후손이 누구인지 다들 알겠죠. 바로 예수님이에요. 마태복음의 족보를 잘 보세요. 보통 고대 근동의 족보는 아버지가 아들을 낳은 것으로 설명해요. 그런데 예수님은 마리아에게서 나셨다고 설명하고 있어요. 마태는 바로 예수님이 창세기 3장 15절에 등장하는 여자의 후손이라는 것을 간접적으로 설명하고 있는 거죠. 더 하고 싶은 말이 많지만 오리엔테이션이니까 이 정도로 할게요. 어디까지 했죠?

아, 타락까지 말씀드렸죠? 그런데 그 타락의 정도가 너무 심한 거예요. 가인은 동생을 살인하고, 가인의 후손 중에 라멕이라는 인간은 조금만 상처를 입힌 사람도 죽여버릴 정도였어요. 심지어 그걸 자랑하죠. 세상이 죄악으로 흘러넘친 거예요. 공의로우신 하나님은 죄악을 심판하시죠. 그게 바로 '홍수 심판'이에요. 하지만 하나님은 동시에 노아의 가족을 통해 여자의 후손을 보존해요. 그리고 무지개를 통해 다시는 이 세상을 물로 심판하지 않겠다는 언약을 맺게 되죠.

그런데 인간들이 그 하나님의 언약을 믿지 못해요. 언제 다시 일어날지 모를 홍수로부터 살아남기 위해서 하늘 꼭대기까지 바벨탑을 쌓아요. 바벨탑은 불신앙의 극치를 보여준 것 아닐까 싶어요. 결국 하나님께서 언어를 혼잡하게 해서 인간들을 전 세계로 흩어지게 하신 거죠. 그게 바로 그 유명한 '바벨탑 사건'이에요. 바로 11장이죠.

학생5   교수님, 그러니까 11장까지는 '창조, 타락, 홍수 심판, 바벨탑 사건' 이렇게 4가지 사건을 기억하라는 말씀이시죠?

장교수   맞아요. 저는 사실 여러분들이 모든 구약성경에서 여자의 후손으로 오실 예수님을 발견했으면 좋겠어요. 그리고 신약성경과 연결시켰으면 좋겠어요. 창세기도 마

찬가지고요. 신약성경은 예수님을 둘째 아담으로 설명
해요. 그리고 오순절은 바벨탑의 언어 혼란이 방언으
로 역전되는 사건을 기록하고 있고요. 그리고 요한계
시록은 새 예루살렘을 에덴동산처럼 묘사하고 있지요.
조금 어렵나요? 나중에 조금 더 공부하시면 하나님의
계시가 얼마나 점진적이고 신비하고 놀라운지 발견하
게 될 거예요. 저는 여러분이 그런 갈망으로 창세기를
공부했으면 좋겠어요.

학생6 네, 그리고 12장부터 50장까지는 4족장을 기억하라고
하셨는데요, 대충 감이 옵니다.

장교수 아시겠죠? 조금 다른 얘기를 해볼까요? 창세기를 히브
리어로 번역하면 '톨레도트'라고 해요. 족보라는 뜻이
죠. 창세기를 우리말로 번역한다면 족보책이 될 거예
요. 창세기를 읽으면 족보를 읽는 느낌이 날 거예요. 여
러분은 그 중에서도 4족장을 기억하시면 돼요.

학생7 아브라함, 이삭, 야곱, 그리고 야곱의 12아들이 아닐까
싶은데요. 맞나요?

장교수 와, 클래스 수준이 아주 높네요. 맞아요. 여기서부터 이
스라엘이라는 한 민족이 등장해요. 여자의 후손을 통해
인간이 구원을 얻게 될 것이라는 언약을 이루어 가시는

데 이스라엘 민족을 선택하신 거예요. 그런데 오해하시면 안 돼요. 이스라엘 민족이 뭐 그렇게 대단한 민족인가요? 아니에요. 보잘 것 없는 유목 민족이에요. 그저 하나님의 주권적인 은혜로 그 민족을 택하신 거죠. 우리도 마찬가지 아닌가요? 여러분이 뭐 그리 잘나서 여기까지 왔을까요? 하나님의 전적인 은혜예요. 저나 여러분이나 교만하면 안 돼요. 그런데 나중에 이스라엘 민족이 얼마나 교만해졌는지 성경에서 계속 보게 될 거예요. 우리도 조심해야 해요. 아, 조금 옆길로 새었네요. 어디까지 얘기했죠?

학생8 언약을 이루기 위해 이스라엘 민족을 선택했다는 것까지 하셨습니다.

장교수 아, 그렇죠? 다시 할게요. 하나님은 아브라함을 선택하시고 아브라함의 두 아들 중에서 이삭을 선택하셨죠. 그리고 이삭의 쌍둥이 두 아들 중에서는 야곱을 선택하셨고요. 그리고 이스라엘 민족은 창세기를 통해서 자신들이 바로 그 야곱의 열두 아들으로부터 나온 후손들이라는 것을 알게 돼요. 창세기는 족장들의 역사를 나열하면서, 여자의 후손을 통해 구원을 얻을 것이라는 하나님의 약속이 이루어지는 과정을 보여 주고 있어요.

학생9   보통 교회에서는 아브라함이나 요셉의 개인적인 성
        공 이야기를 많이 얘기하잖아요? 교수님 말씀에 따르
        면, 족장들의 이야기는 단순히 개인적인 이야기가 아
        닌 거군요.

장교수   네, 그래요. 물론 개인의 삶을 통해서 교훈을 얻으면 좋
        지요. 하지만 핵심은 그 족장들의 삶을 통해서 하나님
        께서 하신 언약이 어떻게 성취되고 있는가를 보는 거
        예요. 족장들은 하나님의 언약과 떼려야 뗄 수 없는 인
        물들인 거죠.

학생10 그러니까 구약시대의 이스라엘 민족이 하나님의 구속
        사를 이루어나갈 언약 백성이라는 걸 알려주는 책이
        바로 창세기군요?

장교수   와, 벌써 창세기를 마스터한 것 같네요. 오리엔테이션
        시간부터 느낌이 좋은데요?

학생11 그런데 교수님, 제가 아는 친구들은 과학적으로 창세
        기를 설명해 달라고 저에게 요구하는데요, 제가 설명
        하기가 좀 어려워요.

장교수   당연하죠. 우리는 과학자가 아니니까요. 자꾸만 창세
        기를 과학책으로 설명하려는 사람들이 있어요. 창세기
        가 과학적이지 않다는 말은 아니에요. 창세기가 과학

을 이해시키기 위해 쓴 책이 아니란 말이죠. 구원을 위해 쓴 책이니까요. 1장을 보면 천지창조에 대한 기사가 나와요. 우리는 하나님께서 천지를 창조하셨다는 사실을 믿음으로 고백하는 사람들이에요. 그걸 믿지 못하는 사람들은 아직 그리스도인이 아니죠. 창조를 믿지 못하면 타락과 구원도 믿을 수 없을 테니까요. 어쨌든 창조를 하실 때 어떤 과학적 메커니즘을 사용해서 했는가, 그걸 설명하기 위한 책이 아니에요. 그 당시 사람들에게 그걸 설명해 보았댔자 의미도 없을 거고요. 그 시대의 사람들과 지금의 우리들이 가장 이해하기 쉬운 용어를 사용해서 창조의 하나님을 선포하고 노래한 것으로 생각하시면 돼요. 그러니까 과학적인 메커니즘은 잘 모른다고 하셔도 돼요. 그래도 괜찮아요. 그걸 몰라도 구원에 이르는데 아무런 문제가 없어요.

학생12 교수님!

장교수 네, 말씀하세요.

학생 12 저... 오리엔테이션인데, 수업 시간 다 지나갔는데요.

장교수 아이코, 이런. 생각보다 질문이 다양해서 시간 가는 줄 몰랐네요. 그럼 다음 시간부터 창세기 1장으로 들어갈 게요. 창세기 1장을 읽어오시고요, 질문거리 하나씩 준비해 오세요. 학점은 출석 20%, 중간고사 30%, 기말고사 30%, 과제물 20%입니다. A학점은 30%까지 드립니다. 학점 안 높아도 살아가는 데는 아무 지장없으니 너무 신경쓰지는 마시고요. 하하.

학생들 음... 학점을 주는 사람과 학점을 받는 사람의 이 괴리감이란...

출애굽기

특별 대담 : 영화에 출연한 모세

사회자   낙원우주영화제 특별 대담에 참석하신 모든 분들을
환영합니다. 낙원우주영화제는 지상에서 상영된 영화
들을 다시 보면서 평가하고 있는 영화제인데요, 특별
히 이번 영화제는 모세 특별전으로 기획했습니다. 이
번 영화제에서는 애니메이션인 '이집트 왕자', 찰턴 해
스턴이 주연한 '십계', 리들리 스콧 감독의 '엑소더스 :
신들과 왕들' 등 다양한 영화들을 상영했습니다. 각 영
화마다 발 디딜 틈이 없었습니다. 와, 정말 대단하더군
요. 어쨌든 영화를 마치고 나서도 각 영화들을 비평해

주시고, 성경과 다른 점을 예리하게 발견해 내신 모든 분들에게 감사드립니다.

이번 시간은 사실상 이 영화제를 마무리하는 클라이맥스라고 할 수 있습니다. 이번 영화제에 빠질 수 없는 분이죠. 영화의 주인공 모세를 모셨습니다. 박수로 환영해 주세요.

(청중들 박수를 치고, 모세는 지팡이를 손에 쥐고 무대로 등장한다)

사회자　안녕하세요? 모세 선생님. 그냥 글로벌하게 존칭은 생략하고 모세로 부르도록 하겠습니다. 괜찮으시죠?

모세　　좋습니다. 저, 생각보다 쿨한 사람이에요. 하나님께서 약속하신 가나안 땅에 정말 들어가보고 싶었거든요. 그런데 하나님께서 저를 위로하시면서 큰 그림을 보라고 말씀하시더군요. 빅 픽처요. 그때 저, 쿨하게 고개를 끄덕였습니다. 괜찮습니다.

사회자　여기 낙원에서는 지팡이가 필요없을 텐데 꼭 쥐고 다니시는군요. 그나저나 요즘도 매일 수영장을 다닌다는 소문이 있더라고요. 이제 물은 지겹지 않으세요?

모세　　하하하. 하나님이 없었다면 제 인생은 정말 물 먹은 인생 아니었을까요? 제 인생그래프를 그려보라고 하면 아마 모든 변곡점에 물이 등장하지 않을까 싶어요. 태어날 때는 나일강, 이집트를 탈출할 때는 홍해, 그리고 결국 건너보지 못한 요단강... 저는 수영을 하면서 그 모든 물과 강과 바다에서 저와 함께 하신 하나님을 생각해요. 저는 그래서 물이 너무 좋아요.

사회자   아, 그렇군요. 이제 본론으로 돌아와서 영화에 대한 얘기를 해볼까 합니다. 특히 출애굽기의 모세를 그린 영화들이 대부분인데요, 어떻게 보셨어요? 조금 아쉬운 점은 없으셨나요?

모세   '영화는 영화일 뿐, 재미있게 보자'는 마음으로 봤어요. 영화는 출애굽기의 줄거리를 이해하는데 도움이 될 수는 있지만 출애굽기의 핵심 메시지를 전달할 수는 없어요. 저는 사실 성도들이 출애굽기의 핵심 메시지를 이해했으면 좋겠어요.

사회자   출애굽기의 원래 저자이신 모세가 생각하는 핵심 메시지, 한번 들어보고 싶은데요. 어떠세요. 여러분?

(담당 PD, 청중들에게 박수를 치는 흉내를 내자, 청중들 박수를 치며 환호한다)

모세   성경을 볼 때 시작과 끝을 함께 보면 보이지 않았던 것들이 보일 때가 있답니다. 출애굽기도 한번 잘 보세요. 시작과 끝을요. 창세기를 보면, 70명이나 되는 야곱의 가족들이 이집트에 간 걸 알 수 있어요. 출애굽기는 야곱의 가족들이 이집트에 들어간지 400년이 지난 후의 사건을 쓴 거랍니다. 출애굽기는 이집트의 왕, 바로의 건물을 건축하는 것으로 시작해요. 이집트의 노예가 된 거죠. 그런데 출애굽기의 맨 마지막이 뭔지 아세요? 하나님의 성막을 짓는 것으로 끝나요. 저는 출애굽기의 핵심 메시를 한 마디로 이렇게 정의하고 싶어요. '바로의 종에서 여호와의 종이 된 이스라엘'로 말이죠.

사회자   아, 역시 저자의 말씀을 들으니까 출애굽기의 모든 말씀들을 다 읽은 것 같은 느낌이 드네요. 그런데 핵심 메시지를 그 한 가지로 이해하기에는 출애굽기의 내용이 너무 방대하지 않나요?

모세   와우, 사회자님. 굉장히 고급진 질문입니다. 그래서 신학자들은 여러 관점으로 출애굽기를 바라본답니다. 어떤 분들은 아브라함에게 하셨던 언약이 성취되는 것에 포커스를 맞추기도 하죠. 어떤 분들은 예배와 거룩이라는 관점으로 출애굽기를 바라보기도 해요. 어떤 분들은 전쟁이라는 관점으로 출애굽기를 바라보

	면서 이를 예수님과 연결하기도 해요. 다 좋은 생각들이에요. 그런 생각들이 출애굽기에 다 묻어있는 사상들이에요.
사회자	일반 성도들이 참조할 만한 내용을 하나 소개해 주신다면요?
모세	음... 고든웬함이라는 신학자가 사용한 단락 구분도 나쁘지 않더라고요(*고든웬함, 『모세오경』, 성서유니온). 그분은 1장부터 18장까지를 애굽에서의 종살이와 해방이라는 제목으로 설명했더군요. 19장부터 24장까지는 하나님께서 시내산에서 율법을 수여한 장면으로, 25장부터 40장까지는 성막을 짓는 장면으로 단락을 구분하고 있어요. 다른 학자들의 구분도 의미가 있지만 이 구분도 나름대로 심플하고 괜찮은 것 같아요.
사회자	모세는 열 가지 재앙으로 유명한데요, 대부분의 영화에서 열 가지 재앙을 묘사하고 있더군요. 영화를 보시면서 아쉬웠던 부분이 있다고 들었는데요.
모세	아무래도 영화니까 그런 장면들의 영적 의미까지 보여주기는 쉽지 않았겠죠. 사실 10가지 재앙은 단순하게 기적을 보여주기 위한 게 아니에요. 이집트의 가짜 신

들과 하나님께서 대결하는 장면이죠. 결국 하나님께서 승리하신다는 걸 선포하는 것이기도 하고요.

사회자   아, 그렇군요. 그리고 마지막 재앙에서 어린 양의 피를 문설주에 바르는 장면이 나오는데요, 유대인들이 아닌 성도들을 위해서 그 장면을 좀 설명해 주세요.

모세   유월절이라는 절기의 출발점을 보여주고 있는 장면이에요. 어린양의 피를 문설주에 발라서 죽음에서 벗어난 것을 기념하는 절기죠. 이 사건을 경험할 당시에는 그게 예수 그리스도의 피를 상징한다는 걸 몰랐어요. 어쨌든 유월절은 이스라엘 입장에서는 애굽의 노예 생활에서 구원해 주신 사건을 기념하는 절기예요. 이제 우리는 그 사건이 바로 예수 그리스도께서 십자가의 피로 우리를 죄에서 구원해 주신 사건의 모형이라는 걸 알고 있지요. 그런데 사회자님, 제가 질문하나 드려도 되겠습니까?

사회자   아, 네. 그러시죠. 갑자기 인턴 기자 같은 포스가 풍기는데요?

모세   그렇게 이집트에서 탈출한 이스라엘 사람들은 어떻게 살았을까요? 가나안 땅으로 반드시 들어갈 거라고 믿으면서 매일매일 기쁘게 살았을까요?

사회자   아, 제가 출애굽기를 볼 때는 그렇지 않았어요. 사실 신기할 정도로 불평이 많던데요. 하나님께서 선택하신 백성이라고 보기에는 조금 심하더라고요. 투덜이 스머프들이 몇십만 명이 모여있는 느낌이랄까. 아, 죄송합니다. 같은 민족이신데 결례를 범했습니다.

모세   (헛기침을 하면서) 대놓고 말씀하시는 분은 많지 않았는데... 하하, 농담입니다. 맞아요. 물이 쓰다, 고기가 없다, 물이 없다, 뭐 그냥 불만 투성이었어요. 사실 이스라엘 백성이 가나안땅으로 간 건 전적으로 하나님의 은혜예요.

사회자   하나님의 은혜라는 게 어떤 의미일까요?

모세   하나님께서 이스라엘과 언약을 맺으셨어요. 사실 그 언약이 아니었다면 우리 민족은 광야에서 사라졌을 거예요. 출애굽기 19장 5절, 6절을 보시면 그 언약의 내용이 나와 있어요.

"세계가 다 내게 속하였나니 너희가 내 말을 잘 듣고 내 언약을 지키면 너희는 모든 민족 중에서 내 소유가 되겠고 너희가 내게 대하여 제사장 나라가 되며 거룩한 백성이 되리라 너는 이 말을 이스라엘 자손에게 전할지니라"

하나님께서는 이스라엘 민족이 제사장 나라가 되기를 원하셨어요. 우리 모습을 보고 다른 민족들도 하나님을 찬양할 수 있도록 말이에요.

사회자 아, 그래서 율법을 주신 거군요.

모세 네, 하나님의 백성답게 살아간다는 게 어떤 건지 기준을 주신 거예요. 시내산에서 율법을 주셨는데, 그 정수가 바로 십계명이라고 할 수 있어요. 처음 네 계명은 하나님에 대한 의무를 담고 있어요. 나머지 여섯 계명은 이웃을 향한 책임을 담고 있죠. 아마 이 정도는 요즘 다 알고 있을 거예요.

사회자 이스라엘이 제사장 나라가 되어서 이 율법을 잘 지키면 하나님의 복을 받는 거군요. 그런데 그 율법을 다 지킬 수 있나요? 십계명 말고도 다양한 법들이 있던데요. 꽤 수준도 높고요.

모세 정확하게 보셨어요. 사실은 그 율법을 지킬 수 없죠. 사실 율법만 우리에게 주셨다면 우리는 살 수 없었을 거예요. 그런데 기억나세요? 출애굽기의 마지막 단락이 뭔지 말이에요.

사회자   아, 성막이군요.

모세   맞아요. 사실은 성막이 있었기 때문에 우리가 살 수 있었던 거죠. 임시방편 같은 거랄까요? 예수님은 한 번의 제사로 우리의 모든 죄를 용서해주셨어요. 그런데 동물의 제사로는 율법을 어긴 죄를 영원히 용서받을 수 없어요. 동물과 인간은 같은 가치가 아니니까요. 그래서 계속 동물 제사를 드렸던 거예요. 그때마다 우리의 죄를 간과해 주신 거죠. 예수님이 아니었으면 지금도 동물 제사를 드리고 있었겠죠.

사회자   그런데, 혹 신약에서도 모세 선생님이 이렇게 자주 등장할 줄 알고 계셨나요?

모세   하하하, 그 당시에는 몰랐어요. 하나님이 점진적으로 계시하신다는 사실을 말이에요. 나중에 제가 경험한 사건의 진짜 의미가 뭔지 알고 깜짝 놀랐어요. 감동적이기도 했고요. 바울 선생이 홍해를 건너는 걸 세례로 설명했을 때, 온몸에 전율이 일어났어요. 사실 그 당시에는 어린 양의 피가 뭘 의미하는지 몰랐어요. 유월절이 예수님의 십자가 죽음의 모형이라는 것을 알았을 때도 충격이었죠. 더 놀랐던 게 뭔지 아세요?

사회자   뭔가요?

모세   글쎄, 우리가 지었던 성막이 예수님의 성육신을 나타
           내는 것이었어요. 성막에서 했던 제사 의식은 예수님
           의 구원을 예표하고 있고요. 와, 그걸 알았을 때 나, 완
           전 소름 돋았어요.

사회자   와우, 그러셨군요. 시간 관계상 바로 다른 질문을 하
           나 더 드리도록 하겠습니다. 모세는 참 여러 전쟁을 했
           던 인물로도 알려져 있는데요, 전쟁 장면에서는 어떤
           걸 느끼셨어요?

모세   전쟁도 많은 의미가 담겨 있어요. 사실 칼과 창으로 싸
           우는 게 아니에요. 많은 이스라엘 사람들은 칼과 창을
           가지고 성막만 있으면 전쟁에서 승리할 수 있다고 생
           각했어요. 그건 오해죠. 우리의 전쟁은 거룩이라는 무
           기를 갖고 행하는 건데 그걸 몰랐던 거예요. 게다가 거
           룩은 삶에서 드러나는 거예요.
           요즘도 마찬가지예요. 칼과 창과 막말과 유튜브상의 편
           가르기로 전쟁하는게 아니에요. 우리의 무기는 십자가
           예요. 그저 예수님의 피묻은 십자가 하나 붙잡고 전쟁
           하는 거죠. 십자가 사랑으로 우리는 세상과 싸우는 거
           예요. 요즘 교회에서 일어나는 부끄러운 말과 행동을
           볼 때마다 낯뜨거울 때가 있어요. 과거에 우리 유대인

들이 그렇게 살았어요. 제발 우리의 길을 답습하지 말 았으면 좋겠어요. 오직 예수 그리스도의 십자가로, 오 직 성령 안에서 걸어가기를 바라요.

사회자   아, 저는 그냥 가볍게 영화를 봤는데 그 영화의 실존 인 물인 모세 선생님의 말씀을 듣고 나니, 다시 한번 출애 굽기를 제대로 읽어봐야겠다는 생각이 막 솟구쳐 납니 다. 나일강의 물처럼요.

모세   음... 여기서 왜 굳이 나일강의 물이...

사회자   오늘은 수많은 영화에 영감을 주었던 출애굽기의 저자 이신 모세 선생님을 모시고 말씀 나눠보았습니다. 다 시 한번 큰 박수 부탁드립니다.

(모세, 지팡이를 잡은 채 두손을 올리자 청중들 양쪽으 로 갈라지고 모세, 그 사이를 지나서 퇴장한다)

성도들의 수다

사회자   안녕하세요? '성도들의 수다' 사회를 맡고 있는 수다쟁
이 목사 김용후입니다. 오늘도 여러 성도들의 사연이
들어왔는데요, 한 성도의 사연이 눈에 띕니다. 이목사
님이 사연을 한번 읽어주시겠어요?

이목사   저는 아산에 살고 있는 남지오 성도입니다. 우리 교회
에서는 하루에 한 장씩 성경을 읽고 있는데요, 드디어
출애굽기까지 읽었습니다. 그런데 다음주부터 레위기
를 읽어야 합니다. 워낙 주위에서 겁을 많이 줘서 걱정

이 됩니다. '레위기는 바로 네 위기다' 이렇게 말하더라고요. 레위기를 읽다가 만성위염에 걸렸다는 교인들도 있고요. (방청객 웃음) 다른 성도님들은 어떻게 생각하는지 궁금했습니다. 설교자들에게도 확인해보고 싶고요. '성도들의 수다'에서 수다로 해결해 주세요!

사회자 오늘은 레위기를 가지고 수다를 떨기로 하겠습니다. 그런데 왠지 레위기로 수다를 떠는 것이 가능한가 하는 생각이 드네요. 다른 분들은 어떠세요?

양지후 아, 저는 그냥 아멘만 할 생각입니다. 수다로 풀기에는 너무 힘들 것 같아요. 오늘은 편안하게 쉬는 시간이 될 것 같은 불안, 불만, 아무튼 그런 시간이 될 것 같아요.

조영연 저도 어려울 것 같긴 합니다. 1장을 보는 순간에 이거 완주할 수 있을까 하는 걱정이 들더라고요. 좋은 책이 있으면 도움이 될 것 같기도 합니다. 그런데 죄다 목사님들을 위한 신학책 뿐이더라고요.

박철진 저는 레위기를 뛰어넘고 민수기부터 할 생각입니다. 그럼 조금 편해질까요?

김소희 목사님이 미리 레위기를 설명하면 그래도 도전할 수 있지 않을까 하는 생각도 드는데요.

이언결 저는 성경을 읽다가 잘 우는 편인데요, 레위기를 읽고 나서도 그런 감격을 느낄 수 있을까요?

박정이   말이 너무 어렵더라고요.

사회자   아... 성도님들의 말씀을 들어보니까, 다들 레위기가 어렵다는 전제를 깔고 있는 것 같은데요. 이목사님, 어떤까요? 레위기가 그렇게 어려운 책인가요?

이목사   레위기가 어렵다는 건 성도들의 편견입니다.

(방청객, 장난으로 야유를 보낸다)

사회자   목사님, 지금 방청객이 야유를 보내고 있는데요, 솔직히 말씀해 주셔야 합니다.

이목사   음, 어려운 책인 것은 맞습니다. (방청객, 박수를 치며 환호한다) 그런데 사실 왜 어렵게 느끼는지가 중요한데요, 익숙하지 않기 때문이죠.

사회자   뭐가 그렇게 익숙하지 않을까요?

이목사   레위기에서 바로 훅 들어오는 장면이 제사 장면이에요. 그런데 우리는 그런 제사를 드린 적이 없어요. 제사장을 본 적도 없고요. 그래서 1장에 들어가자마자 부담을 느끼는 거예요. 저는 성도님들이 그 부담을 이기고 레위기를 읽었으면 좋겠어요.

사회자   맞아요. 1장부터 7장까지는 제사만 쭉 나오더라고요. 조금 당황스러워서 그 부분을 넘겼던 기억이 나요. 윤목사님께 마이크를 넘겨볼까요? 레위기 앞부분에 등장하는 제사, 성도들이 소화할 수 있을까요?

윤목사 　반드시 소화하셔야 합니다.

(방청객 장난으로 야유를 보낸다)

사회자 　오늘은 유난히 야유가 많이 나옵니다. 그만큼 성도들이 레위기에 부담을 많이 느낀다는 얘기인 것 같네요. 목사님, 정확히 말씀해 주셔야 합니다. 왜 소화를 해야 하는 거죠?

윤목사 　저도 참 안타깝습니다. 레위기는 신학자들이 '율법 중의 율법', '성경 중의 성경', '복음 중의 복음'이라는 말로 표현할 정도로 성경의 진수가 담겨 있는 책이에요. 신학자들만 그걸 느낄 수 있다는 점이 안타까울 때가 많습니다. 레위기 7장까지는 제사 제도가 나와 있고요, 10장까지는 제사장 제도가 나와 있어요. 모두 죄를 용서받기 위한 절차와 방법이라고 보시면 돼요.

양지후 　아멘.

사회자 　양지후 성도님 감사합니다. 안 그래도 제가 목사님 말씀을 좀 끊고 싶었거든요. 하하. 목사님, 그런데 제사의 종류가 너무 다양하잖아요. 잠깐 어떤 제사가 있는지 소개해 주실 수 있나요?

윤목사 그럴까요? 너무 길면 힘들 테니까 짧게 말씀드릴게요. 우선 번제가 있어요. 제단 위에 제물을 전부 타 태워서 바치는 제사예요. 또, 소제가 있어요. 번제 대신 가난한 사람들이 바치는 제사예요. 화목제도 있죠. 서원을 하거나 뭔가를 축하하고 싶을 때 드리던 제사예요. 제물을 바친 사람이 제물의 일부를 먹는 유일한 제사죠. 속죄제도 있어요. 죄를 지었을 때 정결해지기 위해서 드리는 제사죠. 대속죄일에는 지성소의 언약궤에 피를 발랐어요. 죄에 대해 배상하는 의미로 드렸던 속건제도 있고요. 사실 각각의 제사마다 조금 다른 내용도 있지만 이 정도로 말씀드리면 될 것 같아요.

사회자 목사님, 이렇게 짧게 말씀하셨는데도 머리가 지끈지끈 아파오는데요?

양지후 아멘. (방청객 웃는다)

윤목사 제사와 율법은 그림자예요. 제사 제도의 실체가 무엇인지를 생각하면서 레위기를 읽으시면 도움이 되실 거예요. 사실 레위기를 모르면 신약, 그 중에서도 히브리서를 이해하는데 상당히 어려움을 느끼게 돼요. 히브리서는 이런 제사와 제사장이 바로 예수 그리스도의 그림자라는 점을 설명하고 있어요. 신약성경에도 화목

제, 속죄제, 이런 표현이 많이 나오잖아요? 레위기에서 그 의미를 정확히 알아두시면 나중에 큰 감격이 있을 거예요. 그래서 저는 조금 힘들더라도 레위기의 제사 제도를 꼭 소화하셨으면 좋겠어요.

이목사   한편으론 우리 목사들이 너무 신학적으로만 이 책을 설명한 것이 아닌가라는 생각도 들어요. 너무 어렵게 이걸 풀어낸 거죠. 성도들이 레위기를 겁내는 건 우리 목사들의 책임도 큰 것 같아요.

사회자   그럼 레위기를 좀더 쉽게 접근하는 방법이 있을까요?

이목사   레위기의 핵심 주제를 한 단어로 말하면 '거룩'이에요. "여호와 너희 하나님이 거룩하시니 너희도 거룩하라"라는 말씀이 자주 등장하죠. 저는 이렇게 보면 어떨까 싶어요. 10장까지는 제사와 제사장 제도를 통해서 하나님에 대한 거룩을 설명하고 있다고 보면 돼요. 오늘날로 말하면 예배의 참 뜻을 생각해 볼 수 있는 거죠.

사회자   (말을 끊으며) 아, 그러고 보니까 레위기에 제사 제도만 나와 있는 게 아니잖아요.

이목사   말을 자주 끊으시는군요. 거룩하지 못하게.
                (방청객 웃음)

사회자   아, 이게 수다 떠는 코너라서요. 당황하셨어요? 그럼 이어서 말씀해 주시겠어요?

이목사   그러니까 10장까지는 하나님에 대한 거룩을 설명하고 있어요. 그 다음이 뭘까요? 11장부터 27장까지는 자기 자신을 어떻게 거룩하게 할 수 있는지, 그리고 이웃에 대하여 어떻게 거룩한 삶을 실천할 수 있는지에 대한 지침이 나와요. 한마디로 레위기는 하나님 사랑과 이웃 사랑, 그리고 자신에 대한 진정한 사랑으로 가득 찬 책이라고 할 수 있어요. 요즘으로 따지면 교회당 안에서만 거룩한 게 아니라 밖에서도 거룩하게 살 것을 요구하고 있는 거죠.

사회자   그런데 레위기는 유독 정함과 부정함에 관심이 많은 것 같아요.

이목사   네, 거룩함이라는 말 자체가 구별된다는 뜻이죠. 레위기를 보면 정말로 끔찍한 범죄들이 많이 나와요. 살인, 간음, 근친상간, 우상숭배 이런 것들이요. 이스라엘은 이런 범죄에서 구별되어야 하는 거죠. 그래서 레위기는 하나님과 죄, 생명과 죽음, 거룩과 부정, 이런 극단을 설명하면서 다른 나라와 구별되게 살 것을 요구하고 있는 거예요.

생명과 죽음 사이의 구분이 중요한데요, 요한복음 5

장 24절은 예수를 믿는 자는 사망에서 생명으로 옮겼다고 선포해요. 바로 그 예수님께서 우리를 구별해 주시는 거죠. 예수님께서 생명을 주시는 겁니다. 그러니까 레위기는 한편으로 예수님으로 가득찬 책이라고 할 수 있어요.

사회자 　아, 레위기에서 예수 그리스도를 발견할 수 있는 거군요. 왜 우리가 그런 생각을 하지 못한 거죠? 함께걷는교회에서 다음 주부터 레위기 묵상을 시작한다는데, 저도 한번 도전해 볼까 봐요.

양지후 　아멘. 근데 이거, '성도들의 수다'가 아니라 '사회자의 수다' 아닌가요?

(모두들 환하게 웃으며, 광고로 전환된다)

민수기

민숙이의 일기

민수기에 대한 특강을 들었다.

전도사님께서 장난으로 내게 말했다. 우리 민숙이가 민수기 1
장 1절을 읽어볼까요?

그렇다. 내 이름은 김민숙이다. 민수기를 공부할 때마다 내 이
름은 빠지지 않는다. 처음에는 그러려니 하다가 이제는 조금 마
음이 불편하다. 사실 이름으로 사람을 놀린다는 생각 때문에 불
편한 것은 아니다. 민수기는 이스라엘의 불평과 불만, 불안, 불
신으로 가득차 있었다. 민수기에서 불평불만으로 가득찬 나, 민
숙이가 보였다. 사실 그게 나를 더 불편하게 했는지도 모르겠다.

광야에서 죽어간 출애굽 1세대의 모습이 내 모습과 별반 다르지 않아보였다.

전도사님께서 민수기는 두 개의 이름이 있다고 하셨다. 하나는 말 그대로 '민수기(民數記)'다. 영어 성경은 헬라어 성경 제목을 그대로 따와서 'Numbers'라고 번역해 놓았다. 또 다른 하나가 있는데, 바로 '광야에서'라는 제목이다. 히브리어 성경은 그 성경의 앞 구절을 따서 제목을 붙이는데, 민수기의 다섯 번째 단어가 바로 '베미드바르'이다. 히브리어 성경은 이 '베미드바르', 즉 '광야에서'라는 제목을 민수기의 제목으로 사용하고 있다.

그런데 오늘 신기한 사실을 하나 발견했다. 우리 소그룹에는 이과를 전공한 학생들도 있고 문과를 전공한 학생들도 있다. 우리 청년부 전도사님께서 어떤 제목이 더 나은 것 같냐는 질문을 하셨다. 이과를 전공한 학생들은 압도적으로 'Numbers', 즉 민수기를 택했다. 그런데, 문과를 전공한 학생들은 반대로 '베미드바르', 즉 '광야에서'라는 제목을 택했다. 교육학을 전공하고 있는 나도 '베미드바르'라는 제목을 선택했다. 전도사님께서 재미있으셨는지, 왜 그 제목을 선택했는지 물어보았다. 이과를 전공하고 있는 준석이가 말했다.

"두루뭉술하게 말하는 것보다는 숫자로 말하면 명확해지는 것 같아요. 전도사님께서 1장에서는 전쟁에 참여할 명부를 작성하기 위해서 인구조사를 했고, 26장에서는 각 지파에게 어느 정도의 땅을 나누어 주어야 하는지 파악하기 위해서 인구 조사를 했다고 하셨잖아요? 그런데 저희 이과생들은 인구조사의 결과가 명확하지 않으면 마음이 편하지 않아요. 인구가 많았다, 똑같았다, 이렇게만 표현되어 있으면 그 신빙성이 떨어지는 것 같기도 하고요. 물론 그 인구 숫자에 대해서는 논란이 있다고 들었어요. 그래도 성경은 분명히 1차 인구 조사에서는 603,550명, 그리고 2차 인구 조사에서는 601,730명이라고 제시하고 있잖아요. 사실 저는 거기에서 하나님의 은혜를 봤어요. 철학적인 개념이 아니라 숫자에서 은혜를 받을 수도 있어요. 1차 인구 조사에서 2차 인구 조사에 이르기까지 40년이나 흘렀잖아요. 아직 애굽을 나와서 가나안에는 들어가지도 못했고요. 그리고 출애굽 1세대들은 거의 다 광야에서 죽었잖아요. 사실 광야라는 곳이 얼마나 척박한 곳입니까? 그리고 이스라엘 백성들은 얼마나 불평이 많았습니까? 그런데 하나님께서는 자손을 주시겠다는 아브라함과의 언약을 지키시기 위하여 이스라엘을 지키신 거잖아요. 야곱의 가족이 애굽에 내려갈 때는 70명에 불과했는데 이제 60만명이나 된 거잖아요? 게다가 광야에서 40년이 지났지만 그 인구수가 거의 똑같잖아요. 저는 사실 이 숫자를 보면서 은혜를 받았어요."

전도사님은 고개를 끄덕였다. 불안했다. 분명 그 다음은 문과를 전공한 학생들의 의견을 물어볼게 뻔했다. 그리고 그 학생들 중 지목할 사람은 빤했다. 바로 나, 민숙이였다. 왜 '광야에서' 라는 제목을 선택했는지 전도사님께서 여쭤보셨다. 이렇게 답변을 드렸던 것 같다. 지금 생각해 보면, 조금 황당한 답변이었던 것 같기도 하다.

"우선 전 여행을 좋아해요. (아, 도대체 이 말은 왜 했던 걸까?) 민수기는 여행기 같았어요. 1장부터 10장 10절까지는 조금 조용한 느낌이었어요. 시내산 근처에서 가나안으로 여행을 떠나기 위한 준비 과정 같았어요. 저도 여행을 할 때 준비를 좀 많이 하는 편이거든요. 그런데 조금 신기하긴 했어요. 보통 여행을 하려면 음식이나 옷가지, 숙소, 이런 것들을 준비하잖아요. 하지만 하나님께서는 이스라엘에게 정결을 준비시키더라고요. '참 신기한 여행이다' 이런 생각이 들었죠. 그리고 10장 11절부터 22장 1절까지는 시내산에서 가데스까지의 여정, 가데스에서 주어진 율법, 그리고 가데스에서 모압 평지에 이르는 과정이 묘사되어 있잖아요. 가나안으로 가기 위한 여행을 한 거죠. 그런데 그 광야의 여행에서 제가 보였어요. 패턴이 똑같더라고요. 우선 여행을 떠나자마자 불평이 시작돼요. 그리고 하나님께서는 이스라엘의 불평에 대해 분노하시고 심판하세요. 그런데 거기서 끝나지 않더라고요. 항상 모세는 중보를 하고, 하나님께서는 다시 이스라엘을 용서하시고 구원하세요. 그리고 그 사건을 기념하기 위해서 이름을 짓더라고요. 가나안을 정탐한 최정예 정탐군들은 불안에 떨었지요. 그리고 레위 자손들조차 모세와 아론의 리더십에 도전할 정도로 불만에 가득차 있고요. 어쩌면 제 이름인 민숙이가 민수기에서 보인 건 우연이 아닐 것 같아요. 저도 똑같은 패턴이 아닐까 싶어요. 가장 부끄러웠던 건 발람의 사건이었어요. 22장 2절부터 36장 13절까지는 가나안을 코앞에 두고 있는 모압 평지에서 일어난 사건을 다루고 있잖아요? 발람이라는 거짓 선지자가 오히려 이스라엘을 축복해요. 사실은 돈벌이의 수단으로 예언을 하는 사람인데 하나님의 백성을 축복하죠. 그런데 언덕 위에서 발람을 통해 하나님의 말씀이 선포되는 동안 평지에서는 이스라엘이 다른 신들을 따르는 음란한 죄를 짓고 있었죠. 참 부끄러웠어요. 하나님께서는 저런 거짓 선지자조차도 말씀을 전파하는 도구로 활용하셨는데 우리는 말씀을 가지고서도 그 말씀대로 살아가고 있는 것인지, 부끄러웠어요. 그래서 전 '광야에서'라는 제목이 더 좋네요. 우리가 가는 신앙 여정을 잘 표현하고 있는 것 같아서요."

전도사님은 내 얘기를 다 듣고 고개를 끄덕이셨다. 그리고는 두 제목을 다 합해서 제목을 지어도 좋을 것 같다고 말씀하셨다. '광야의 숫자'가 어떻겠냐고.

그렇다. 우리의 삶도 광야다. 수많은 위험과 좌절이 우리 앞에 놓여 있다. 그 앞에서 사람들은 분노하고 불평한다. 하지만 믿는 자들은 어떻게 해야 할까? 모세가 만든 놋뱀, 즉 예수 그리스도를 바라보면 된다. 그런데 여전히 나 민숙이는 민수기의 이스라엘 백성들의 실수를 반복한다.

다시 한번 다짐한다. 광야의 숫자를 통해 하나님의 은혜를 발견하겠노라고. 오직 하나님의 신실하심 앞에 서 있겠노라고.

그것이 바로 나, 민숙이의 민수기가 아닐까?

신명기

신명의 꿈

우리 교회 민숙이 다음은 항상 내 차례다. 민숙이는 민수기를 공부할 때마다 빠지지 않는 자매이다. 그리고 나는 신명기를 공부할 때마다 빠지지 않는다. 내 이름은 '신명'이다. 신명나게 살아야 할 내가, 신명기를 공부할 때가 되면 갑자기 조용해지는 이유다. 아나나 다를까, 전도사님께서 신명기를 읽고 느낀 점을 정리해 오라신다. 나에 대한 기록을 잘 정리해야 하지 않겠냐고... 재미도 없고 감동도 없는 아재 개그를 날리신다. 이제는 뭐 그렇게 새롭지도 않다. 물론 그렇게 힘든 것은 아니다. 워낙 많이 시달려서인지, 난 신명기에 대해서 나름의 정답을 만들어 놓았다.

난 이렇게 대답할 것이다.

신명기는 가나안 땅에 들어가기 전 모세가 했던 세 편의 설교를 모아둔 거라고. 시내산에서 하나님께서 주신 율법을 모세가 다시 한번 설명한 거라고. 출애굽 2세대가 출애굽 1세대의 실수를 되풀이하지 않도록 하기 위한 책이라고. 그리고 하나님의 율법에 순종하면 복을 받고 불순종하면 벌을 받는, 그 시대 언약의 형태를 취하고 있다고 말이다.

서당개 3년이면 풍월을 읊는다고 했던가. 이제는 신약과 연결시켜 신명기를 설명할 수 있을 정도가 되었다. 신명기는 신약에서 사랑하는 구약성경이다. 신약에서 가장 많이 인용하는 구약성경이라고 할 수 있다. 예수님이 모세보다 더 뛰어난 분이란 걸 보여주기 위해서 신약은 신명기를 인용한다. 예수님은 하늘에서 내려온 떡이며 생명을 주신 놋뱀이다. 이 정도는 이제 눈감고도 말할 수 있을 정도이다. 하지만 너무 익숙해진 탓일까? 처음 신명기를 읽었을 때의 감동은 많이 희미해진 것 같다. 그런데 어제 꿈에 나타난 두 친구가 신명기에 대한 갈망을 다시 불러 일으켰다. 오늘은 어제 꿈에 나타난 두 친구의 얘기를 해볼까 한다.

기억이   신명아, 신명기 정리는 잘 돼 가?

신명   어, 너무 익숙해서 이제 정리하고 말 것도 없어. 그런데 넌 누구야? 왜 내 꿈에 나타난 거지?

기억이 난 기억이라고 해. 신명기에서 살고 있는 개념이지.

신명 응, 개념이라고? 신명기에서 살고 있는?

기억이 응, 내가 널 좀 도와주려고.

신명 응? 네가 어떻게? 난 벌써 신명기에 대해서 다 정리
했어.

기억이 그런데 너는 신명기를 좀더 자세히 읽어야 할 것 같아.

신명 왜?

기억이 너도 잊어버린 것 같아. 하나님의 은혜를 말이야. 신명
기의 율법 내용은 달달 외우는데, 신명이 너를 인도하
신 하나님의 은혜는 잊어버린 것 같단 말이지.

신명 아...

기억이 신명기에서 가장 강조되는 말이 뭔지 아니? '기억하
라', '잊지 말라' 이런 말이야. 왜 그런 것 같니?

신명 글쎄, 깊이 생각해 보지 않았어.

기억이 출애굽 1세대의 문제는 뭘까? 하나님의 언약을 믿지 않
은 거였어. 출애굽 2세대는 가나안 땅에 들어갈 수 있
다는 믿음이 있었어. 그런데 모세는 걱정이 되는 거야.

신명 뭐가?

기억이 잊어버리는 거. 가나안 땅에 들어가서 하나님의 은혜

를 잊어버리는 것, 기억하지 못하는 거지. 그래서 모세는 계속 기억하라고 얘기를 해. 사실 율법은 신명기에서 새롭게 주신 게 아니야. 다시 한번 기억하라는 거지. 넌 기억하고 있니? 하나님의 은혜를 말야. 네가 지식은 많은데 자꾸만 은혜는 기억하지 못하는 것 같아서 네 꿈에 나온 거야.

신명   아, 그렇구나. 기억하는 거였구나. 광야에서 인도하신 하나님의 은혜를 말야. 너무 신명기를 딱딱하게 생각했어. 기억하라는 뜻으로 다시 한번 말한 거구나. 기억아, 고마워, 다시 한번 신명기를 정독하고 싶은 마음이 생겼어.

기억이   그런데 신명기에서 살고 있는 내 친구가 한 명 더 있어. 소개해줄게.

신명   누구?

기억이   마음아, 잠깐 와볼래?

마음이   아, 신명이구나. 안 그래도 신명기 공부할 때마다 나도 너 많이 봤어. 그런데 조금 달라진 것 같아.

신명   뭐가? 기억이도 그렇게 얘기했는데... 뭐가 달라진 거야?

마음이   마음. 마음이 사라진 것 같아. 신명기에서 기억과 함께 강조되는 또 다른 개념이 바로 나, '마음'이야.

신명 　좀 쉽게 설명해줄 수 있겠니?

마음이 　율법을 외형적으로 지키는 건 중요한 게 아니야. 중요한 건 마음이지. 마음도 없이 지키는 율법은 위선으로 변질돼. 바리새인들이 그랬지. 잘 보면, 구약에서는 이스라엘을 '목이 곧은 백성'이라고 평가해. 마음으로 율법을 지킨 게 아닌 거지. 모세는 출애굽 2세대들에게 마음을 강조하고 있는 거야.

신명 　아, 내가 마음을 놓쳤었나?

마음이 　응. 너무 기분 나쁘게 생각하지는 마. 이건 네 꿈이니까 깨어나서 다시 시작하면 돼. 어느새부터 신명이 멋지지가 않았어. 트로피보다 철학이 더 중요한 거잖아.(by 악뮤) 율법도 마찬가지야. 형식이 아니라 마음이 중요해. 그런데 네가 자꾸 마음을 놓치더라고. 그게 안타까웠어.

신명 　아, 그래서 계속 성경은 마음을 강조하는 거구나. 마음을 다해 사랑하라고 말이야. 할례도 마음의 할례가 중요한 거고.

마음이 　그래 맞아. 그러니까 꿈에서 깨더라도 우리 둘을 잊지 마. 기억과 마음. 그게 없다면 네 지식은 교만이 될 거야. 네 지식이 오히려 널 차갑게 만들 수 있어.

기억이   오늘 만남을 잊지 말았으면 좋겠어. 나도 기억해 줄래?

바람 소리에 화들짝 놀라 나는 잠을 깼다. 다음 주에는 전도
사님에게 다른 느낌을 말할 수 있을 것만 같다. 신명기의 두 친
구. 기억과 마음.

고마워. 기억할게. 마음으로.

역사서

여호수아

입영 전야

　우리 교회에는 유명한 구약성경 3인방이 있다. 민숙이, 신명
이, 그리고 나 여호수아.

　난 사실 내 이름이 싫었다. '용호, 은결, 지우, 재윤, 영현, 정
이, 하민, 지철, 채현, 희오...' 이런 좋은 이름들이 얼마나 많은
데... 우리 집안은 4대째 예수님을 구주로 믿는 집안이다. 그래
서 이름을 성경 인물로 지은 것이 이해는 된다. 내 주위에도 다
니엘이나 사무엘, 요한, 이런 이름을 가진 친구들이 많다. 이런
이름은 좀 익숙하다. 심지어 독일에서 온 다니엘도 있을 정도니
까 말이다.

그런데 왜 하필 여호수아람? 모세라는 이름을 가진 친구가 있다. 그 친구는 나를 볼 때마다 놀린다. "어이, 내 부하." 이러면서 말이다. 나는 그러면 이렇게 놀린다.

"요단강, 건너봤냐? 내가 오늘 건너게 해줄까?"

조금 심한 농담이었지만, 사실 모세와 여호수아의 중요한 차이점이었다. 모세는 결국 약속의 땅 가나안을 밟지 못했다. 여호수아는 치열한 전쟁을 거쳐 약속의 땅 가나안을 차지했다.

아버지는 직업군인이다. 예전에는 아빠가 직업군인이라서 여호수아를 좋아하는 줄 알았다. 여호수아는 가나안에서 전쟁을 이끈 사람 아닌가?

"아빠, 그렇게 여호수아가 좋았어요? 내 이름을 여호수아로 지을 정도로?"

"좋았지."

"왜요? 사실은 여호수아의 삶이 그렇게 평탄하지 않았잖아요? 광야에서 40년 동안 떠돌아다녔지, 가나안에서는 계속 전쟁을 했지... 자식도 직업군인으로 키우려고 이름을 그렇게 지으신 거예요? 나 이제 군대 가서 말뚝 박을까요?"

입대 전날이었다.

"아들아, 어떻게 보면 네 말이 맞아. 난 네가 영적 전쟁에서 승리하기를 바랐어. 얼마나 유혹이 많은 세상이니? 난, 여호수아서

가 우리의 영적 전쟁을 분명하게 보여준다고 생각했어. 읽을 때

마다 새로웠지."

"어떤 점에서요?"

"입대 전날인데 괜찮니? 피곤하지 않아?"

"아니에요. 이스라엘 여호수아는 40년 동안 광야를 떠돌았는

데요, 뭘. 저는 한 1년 반 정도 있다가 나오는 걸요. 그렇지 않아

도 아빠에게 묻고 싶었어요. 왜 제 이름을 '여호수아'라고 지었

는지 자세히 들어본 적이 없었던 것 같아요."

아빠는 내게 그 어느 때보다도 자상한 음성으로 왜 내 이름이

여호수아인지를 차근차근 알려주셨다. 입영 전야였다. 아래는

아빠의 말을 정리한 것이다.

1. 아빠는 여호수아라는 이름이 좋았단다.

여호수아의 이름 뜻이 뭔지 아니? 여호수아는 '여호와가 구원

하신다'는 뜻이야. '여호수아'라는 이름을 헬라식으로 하면 '예

수'가 된단다. 여호수아야, 라고 부를 때마다 내 마음이 어떤지

아니? '아, 이 아이는 내가 지키는 것이 아니라 예수님께서 친히

핏값으로 구원하신 아이구나' 이런 마음이 들어. 네 이름을 불

렀을 뿐인데 널 구원하신 예수님이 같이 떠오르는 거지. 얼마나

멋진 이름이니? 나는 네가 수많은 영적 전쟁터에서 그 이름을 가

지고 나아가기를 바란단다. 예수의 이름을 가지고 말이야. 그럼 승리할 거야. 여리고 전쟁을 보렴. 온 세계 전쟁사를 다 뒤져봐도 그런 전쟁은 찾아볼 수 없을 거야. 네가 하는 전쟁이 아닌 거야. 하나님이 하시는 전쟁이지. 입대한 이후에도 하나님께서 지켜주실 거야.

2. 아빠는 여호수아서의 깔끔한 구조가 좋았단다.

아빠는 군인이라서 그런지 깔끔한 게 좋아. 맥락 없이 흘러가는 걸 별로 안 좋아해. 너무 로맨틱한 것도 조금 닭살이 돋고 말이야. 여호수아서는 구조가 깔끔해. 아빠는 여호수아서를 네 부분으로 나누어 보았단다.

첫 번째 부분은 요단강을 건너가는 부분이야(1-5장).

두 번째 부분은 가나안 땅을 정복하는 부분이지(6~12장).

세 번째 부분은 가나안 땅을 분배하는 부분이야(13~21장).

네 번째 부분은 그 가나안 땅에서 오직 여호와만을 섬기라는 명령이 나오지(22장-24장).

이 구조를 잘 보렴. 사실 여호수아서는 전쟁 분량이 생각보다 많지 않아. 전쟁이 많기 때문에 여호수아서를 좋아한 게 아니라는 거지. 이 전쟁의 시작과 끝이 좋았단다. 전쟁을 시작하기 전에 가장 먼저 뭘 해야 할까? 전쟁을 끝낸 다음에는 뭘 해야 할까?

여호수아서는 1장에서는 율법에 순종하라고 해. 맨 마지막 24장에서도 여호와를 섬기고 순종하라고 하지. 그러니까 사실 여호수아서는 하나님 나라가 어떤 나라인지를 보여주려고 하는 거야. 하나님께서 통치하시는 나라, 그리고 하나님께 순종하는 나라라는 거지.

철옹성과 같은 여리고성에서는 승리를 해. 그런데 조그마한 아이성에서는 뜻밖의 패배를 당한단다. 왜 그랬을까? 단 하나의 차이밖에 없었단다. 하나님께 순종했냐? 순종하지 않았냐? 그 것밖에는 없었어. 물론 아무것도 할 필요가 없다는 말이 아니야. 실제로 여리고성 전투를 제외하면 다 군사적인 작전을 썼단다. 중요한 것은 핵심적인 원리가 뭐냐는 거지. 입대하고 나서도 매일매일 여리고성을 무너뜨린 그 원리를 기억하기를 바란다.

3. 아빠는 라합이라는 여인을 보고 은혜를 받았단다.

라합은 이방 민족이었어. 가나안인이었지. 그리고 여자인 데다가 직업은 창기였어. 세상에서 가장 멸시받는 계층이었겠지. 그런데 라합은 이 전쟁에서 구원을 받아. 왜일까? 이스라엘 사람이냐, 아니냐가 구원의 조건이 아니야. 바로 라합의 신앙고백이야. 라합은 하나님을 상천하지(上天下地)의 하나님으로 고백했어. 게다가 이방 민족인 기브온 족속도 구원을 받는 걸 볼 수 있어.

참, 그런데 네가 은혜를 받다가 실족하지 말았음 하는 부분이 있어. 조금 이해하기 어렵겠지만 설명은 하고 넘어가야 할 것 같아. 그게 뭘까? 바로 전쟁이야.

어떻게 사랑과 은혜가 풍성하신 하나님이 이런 전쟁을 명령할 수 있냐는 거지. 충분히 제기할 수 있는 의문이라고 생각해. 그리고 나는 네가 이 문제 때문에 실족하지 않기를 바라. 성경은 전체 문맥을 다 살펴봐야 해. 성경 전체 맥락에서 보면, 하나님은 어떤 나라나 민족에 대한 대량 학살이나 인종 청소를 용납하는 분이 아니야. 그러니까 여호수아서를 불의한 전쟁을 합리화하기 위해 사용해서는 안 돼. 아빠도 군인이지만 어떤 나라도 다른 나라나 민족, 인종을 죽일 권리가 없어. 그런데 왜 여호수아서에서는 이토록 잔인한 전쟁을 하게 된 걸까? 여러 학자들이 이 난제를 풀기 위해 여러 설명을 하고 있단다. 하지만 인간의 지혜로는 다 알 수 없다는 것도 인정해야 해. 그러니까 이 문제에 대한 해석이 다소 다르더라도 상대방을 지나치게 정죄해서는 안 돼. 지금 아빠의 설명도 다른 신학자들의 설명과 다를 수 있단다.

우선 가나안 전쟁은 하나님의 구속 역사에서 매우 특정한 시기에 일어난 전쟁이라는 점을 이해할 필요가 있어. 또한 하나님께서 얼마나 악을 미워하시는가도 볼 수 있지. 그 시대 가나안은

갓난아기를 신에게 바칠 정도로 잔인한 땅이었지. 하지만 아무도 그런 잔인함을 심판하지 않았어. 그래서 하나님께서 친히 그 잔인함을 심판하신 거라고 볼 수 있어. 사실 가나안 민족만 그런게 아니야. 이스라엘도 하나님의 말씀을 어겨서 멸망하는 모습을 보게 돼.

그리고 아빠는 가나안 전쟁에서 사용한 성경의 언어는 어느 정도 과장법이 사용되었다고 생각해. 물론 생각이 다른 분들도 있지만 나는 그렇게 생각해. 내가 생각이 다른 분들을 정죄하지 않듯이 그분들도 나를 정죄하지 않기를 바라. 성경에서는 군데군데 과장법이 등장하지. 손이 죄를 지으면 손을 잘라버리라고 하지? 진짜로 손을 잘라 버리라는 말이 아니야. 예수님을 따르려면 부모도 버리라고 하지? 진짜로 부모를 버리라는 말이 아니야. 그 정도로 죄를 미워하고 그 정도로 하나님과 이웃을 사랑하라는 말이야. 악은 어떤 모양이라도 버리라는 말이 과장법으로 사용되는 경우지. 가나안 전쟁에서는 심지어 어린아이까지 죽이라는 내용이 나와. 액면 그대로 받아들이기에는 이해하기 쉽지 않아. 그 정도로 악을 미워하라는 얘기야. 물론 정확한 의미는 천국에 가면 알 수 있을 거야. 하나님의 계시를 100% 이해할 수 없는 것도 아빠는 은혜라고 생각해.

4. 아빠는 다시 예수님을 소망하게 되었단다.

여호수아서는 구약의 역사서를 여는 첫 성경 본문이야. 그런데 구약의 역사서가 보여주는 게 뭘까? 사실 실패의 역사야. 구약의 역사서는 왕과 제사장과 선지자의 실패를 보여준단다. 곰곰 생각해 보면 세 직분의 실패를 만회하기 위해서는 다시 세 사람이 등장해야 하겠지? 왕은 다윗의 자손 중에서, 제사장은 아론의 자손에서 나와야 하기 때문이지. 하지만 예수님께서는 멜기세댁의 반차를 따라서 왕과 제사장의 직분을 동시에 수행하셔. 그리고 선지자의 직분도 수행하신단다. 그러니까 난 네가 여호수아서를 포함해서 구약의 역사서 속에 희미하게 드러나 있는 예수님을 발견하기 원해. 단순하게 이스라엘의 실패와 성공 원인을 발견하는 데 그치지 말아야 해. 진정한 왕으로 오신, 진정한 제사장으로 오신, 진정한 선지자로 오신 성자 예수님의 존재와 사역을 행간에서 읽어나가길 바라. 네가 할 수 없는 것들을 십자가로 이루신 예수님을 날마다 기억하길 바라.

여호수아야, 입대하고 나서도 네 이름에 담긴 그 놀라운 뜻을 기억하기 바란다. 네 이름이 불려질 때마다 지금도 너와 함께 하시는 임마누엘 예수님을 묵상하기를 바란다.

필승! (그 부대는 충성인가?)

사사기

소설 <사사>

축배의 시간은 길지 않았다. 여호수아의 사자후와 같은 외침
은 힘을 잃은 메아리처럼 이스라엘에서 사라져갔다.

"오직 나와 내 집은 여호와를 섬기겠노라."

여호수아의 외침에 아멘으로 화답했던 이스라엘의 모습은 오
래된 사진처럼 빛이 바랐다. 여호수아의 죽음, 그 이후의 이스라
엘은 이미 끊어진 철로를 달려가는 기차처럼 위태로웠다.

기억조차 희미했다. 구원의 하나님은 기억의 창고 속 자물쇠
를 굳게 걸어둔 마지막 다락방에 감금되어 있었다. 하나님이
계셔야 할 거실의 한 중앙에는 바알의 신상이 놓여 있다(삿

2:11). 하나님을 섬겨야 할 마음의 자리에는 아스다롯과 아세라를 놓아 두었다(삿2:13, 3:7). 이스라엘은 어릴 때 들고 다니던 봉제 인형을 버리듯 하나님을 버렸다. 여호수아가 꿈꾸었던 이스라엘은 이미 사라져 버렸다. 끔찍한 배교의 시대가 시작된 것이었다(삿 2:6-3:6).

자신의 얼굴을 잃어버린 이스라엘은 힘이 없었다. 다른 가나안 민족과 달리 오직 하나님만 섬기던 독특한 민족 이스라엘. 그 이스라엘이 스스로 정체성을 버렸다.

그러자 환난의 파도가 기다렸다는 듯 이스라엘 속으로 파고들어왔다. 메소보다미아 왕 구산 리사다임이 이스라엘을 점령했다(삿3:8). 배교의 시대가 시작되자 마치 자석처럼 압제의 시대가 따라온 것이다.

"이미 우리는 경고를 받지 않았던가. 가나안에서 바알을 섬기지 말라고. 그러면 오히려 바알의 포로가 될 거라고 말이다. 자, 이제 다시 회개하고 여호와께 돌아가자!"

옷니엘이 소리쳤다.

사사의 시대가 도래한 것이었다.(*사사: 재판관이라는 뜻을 갖고 있는 이스라엘의 지도자. 입법과 사법과 행정의 삼권이 철저히 분리돼 있지 않은 고대 이스라엘에서 지도자의 역할을 수행한 사람이다. 사실상 사사기에서는 군사 지도자의 모습으로 묘

사돼 있다)

  기도를 마치자 여호와의 영이 사사 옷니엘을 사로잡았다. 구
산 리사다임은 이스라엘을 징계하기 위한 회초리였고, 옷니엘은
이스라엘을 구원하기 위한 도구였다.

  "오, 역사의 주인이신 여호와 하나님, 우리를 승리하게 하신 그
은혜를 기억하겠나이다."

  구산 리사다임을 물리친 사사 옷니엘의 기도에 이스라엘은 환
호했다. 해피엔딩인 줄 알았다. 그렇게 오래오래 행복하게 잘 살
았다는 동화 속의 결말이 이어질 것 같았다. 하지만 이스라엘은
마치 망각의 약을 먹은 판타지 소설의 주인공 같았다. 아침드라
마의 상투적인 기억 상실은 우리 이스라엘의 역사에서 그 모티
브를 발견한 게 아닐까? 기억상실은 회복될 기미가 보이지 않
았다. 오히려 점점 더 깊은 심연의 어둠 속으로 빨려 들어갔다.

  여호와를 잊고, 또 다시 다른 나라가 이스라엘을 지배했다. 이
스라엘은 다시 부르짖었고, 또 다시 사사가 등장했다. 대사사인
옷니엘, 에훗, 드보라, 기도온, 입다, 그리고 삼손, 소사사인 삼
갈, 돌라, 야일, 입산, 엘론, 압돈.

  여호와께서 이런 사사들을 통해서 다시 이스라엘을 구원하셨
다. 물론 사사들조차도 엉망진창일 때가 많았지만 여호와께서
는 이스라엘을 향한 약속을 기억하셨다. 하지만 이스라엘은 곧

장 여호와를 잊었다. 망각의 호수는 그 깊이를 알 수 없을 만큼 깊었다. 끝을 알 수 없는 뫼비우스의 띠처럼 기억과 망각, 기도와 배교를 반복하며 사사들의 역사가 이어지고 있었다. 그런데 하나님의 기억은 분명했다. 그 수많은 배신의 총알을 맞으면서도 이스라엘을 포기하지 않으셨다. 아브라함과 하신 약속을 지키시는 하나님. 그런데 이스라엘은 또 다시 망각의 역사 속으로 걸어가려는가.

"아, 더 이상 쓸 자신이 없군..."
 사사에 대한 이야기를 쓰고 있던 사무엘은 펜을 놓았다. 더 이상 사사들의 역사를 쓸 자신이 없었다. 어떻게 끝을 맺어야 할지 두려웠다. 두려웠다기보다는 부끄러움이 큰 산처럼 사무엘의 앞에 놓여 있었다. 글을 쓰면서 발생한 참담한 상황이 사무엘을 좌절의 호수에 빠뜨렸다. 펜을 든 사무엘의 손이 흔들렸다. '종교의 타락은 도덕의 타락을 가져오는구나' 사무엘은 생각했다. 우상을 만들어서 하나님을 자기 마음대로 조종하려고 했던 단 지파의 소식이 들린 지 얼마나 되었던가. 또 다시 기브아 사람들의 성폭행 소식이 들려왔다. 범법자를 넘겨주기를 거부한 베냐민 지파와 다른 지파의 내전이 발발했다.
 이 출구의 끝은 도대체 어디일까? 나는 이 글을 마무리할 수 있을까... 사무엘은 창 밖에 저무는 노을을 바라보며 중얼거렸다.

"하나님이 왕이신데 우리의 마음에는 왕이 없구나. 자기의 마음이 진리고, 자기의 행동이 정의가 되어버렸구나. 우리를 이끌 만한 경건한 왕이 있었더라면 이런 일이 없었을까. 우리에게 언제쯤 메시아가 등장할까..."

참회인지 슬픔인지 알 수 없는 눈물 한 방울이 사무엘의 책 위에 떨어졌다.

나오미의 일기

1. 텅텅 비어 버린 어느 날

이 고통의 이유를 난 모른다. 이 사사시대 자체가 배교의 시대고 고통의 시대가 아니었던가. 왜 가나안 땅에 흉년이 들었는지 난 모른다. 어떤 사람은 왜 약속의 땅을 버리고 모압 땅으로 가냐며 우리 가족을 비난했다.

이유는 단순했다. 흉년으로 인한 배고픔 때문이었다. 이 지독한 가난의 고통은 마지막 남은 한 조각의 자존심마저 갉아먹어 버렸다. 자존심 따위는 아무것도 아니었다. 먹고 사는 것이 중요했다. 그런데 이런 하루하루의 생명조차 우리 가족에겐 사치였던 것일까. 이 낯선 이국의 땅에서 남편이 한 줌의 차가운 흙으로 돌아갔다. 누군가는 약속의 땅을 떠나서 벌을 받은 거라며 우리 가족을 비난했다. 내게 중요한 건 고통의 이유가 아니었다. 하나님 외에 이 고통의 이유를 설명할 수 있는 자가 누가 있을까? 내게 필요한 건 위로였다. 같이 울어줄 사람이 필요했다. 하지만 욥의 세 친구처럼 사람들은 이 끔찍한 고통의 이유를 제시하며, 문드러질 대로 문드러진 내 마음을 후벼파고 있었다.

그런데 그들의 주장이 옳았던 것일까? 두 아들마저 하나님께서 데려가셨다. 그날은 눈물조차 흐르지 않았다. 마치 고난의 구슬이라도 꿰어져 있는 것처럼, 고통 뒤에 또 다른 고통이 따라왔다. 나는 속이 텅 비어버린 허수아비 같았다. 내 며느리 룻의 위로가 아니었다면 아마도 난 미쳐버렸을지도 모르겠다. 이방 민족인 며느리 룻이 나를 위로했고 나는 그 며느리와 함께 한참을 울었다.

신기하게 그 울음 뒤에 반딧불같이 조그마한 희망이 내 주위를 채우기 시작했다. 고통의 이유를 몰랐듯 이 희망의 이유도 정확하게 몰랐다. 그때였다. 고향으로 돌아가야 한다는 소리 없는 외침이 내 마음을 흔들어 놓았다. 여호와의 부르심이었을까?

2. 다시 고향으로 돌아온 날

며느리 룻이 나를 따라 가나안 땅으로 올 거라고는 예상하지 못했다. 이방인인 내 며느리 룻. 며느리이기 전에 남편을 잃은 가련한 여인이었다. 아직은 어린 나이였기 때문에 얼마든지 재혼을 할 수도 있었다. 애처롭게 느껴졌다. 또 다른 나의 며느리 오르바처럼 내 곁을 떠나라고 달랬다. 이제 이 늙은 시어머니는 염려하지 말고, 모압 땅에서 새 남편을 만나 새 출발을 하라고 몇 번이나 말했다. 내 며느리 룻은 현숙하고 지혜로운 여인이었다. 당연히 모압 땅에 남아서 새로운 남편을 만나는 것이 합리적인 선택이었을 게다. 그런데 룻은 가나안 땅으로 함께 가겠다고 고집했다. 한숨부터 나왔다. 나는 차근차근 이 아이가 가나안 땅에서 겪어야 할 고통이 어떤 것인지 말해주었다.

"너는 이방 여인이야. 우리 민족은 이방 민족을 사람 취급도 하지 않아. 그리고 넌 여인이지 않니? 게다가 남편을 잃은... 나도 나이가 들어서 너를 돌봐줄 수 없단다. 이제 고집 그만 부리렴. 지금까지 나를 섬겨준 것만 해도 나는 고마워."

이제 각자 갈 길을 가자며 으름장도 놓아 보았다. 하지만 며느리의 입에서 나온 한 마디의 말이 내 가슴을 흔들어 놓았다.

"어머니의 하나님이 나의 하나님이 될 것입니다. 어머니께서 죽으시는 곳에서 나도 죽어 거기 묻힐 것입니다."

아, 이 아이가 하나님을 알고 있구나. 하나님을 의지하고 있구

나. 이런 신앙의 고백이 이방인인 내 며느리의 입에서 나올 줄은 예상하지 못했다. 부끄러웠다.

정작 유대인인 나는 얼마나 하나님을 원망했던가. 하나님은 나를 고통 속에 내버려두셨다. 나의 마음을 텅 비게 하셨다. 나는 '즐거움'이라는 뜻을 가진 '나오미'라는 이름이 미웠다. 차라리 '쓴 자'라는 뜻을 가진 '마라'라고 불리고 싶었다. 이렇게 불평과 불만으로 가득차 있는 나를 보면서도 그녀는 여호와 하나님을 섬긴다고 고백했다.

나중된 자가 먼저 되는 기적이 룻의 고백 속에 녹아 있었다. 우리 조상 아브라함의 믿음보다 더 큰 믿음이 아닌가! 하나님의 긍휼이 있다면 룻과 같은 긍휼이 아닐까 싶다. 이 아이와 함께 돌아가는 것이 하나님의 뜻이 아닐까? 자꾸만 내 마음은 기울고 있었다.

결국 모압에서 얻은 내 사랑스런 며느리 룻과 함께 베들레헴에 도착했다. 하지만 두려웠다. 아무 것도 없는 나와 모압 여인인 내 며느리가 이 땅에서 살아갈 수 있을까? 텅 비어서 온 내 마음이 이 곳에서 채워질 수 있을까?

3. 룻이 보아스를 만난 날

어쩔 수 없었다. 남편이 없는 이방 여인이 할 수 있는 일이라곤 밭에서 이삭을 줍는 일 밖에 없었다. 불평과 불만이 입 밖으로 나올 만도 하지만 룻은 이삭을 줍겠다며 길을 나섰다. 거기에서 보아스를 만난 것은 우연이었을까, 필연이었을까, 섭리였을까?

"오늘은 보아스란 분을 만났어요. 정말 친절한 분이었어요. 처음에는 혹 저에 대해서 나쁜 마음을 품고 접근하는 것이 아닌가 생각했는데, 아니었어요. 저를 알고 있더라고요. 어머니에 대해서도요. 함부로 저를 대하지 말라고 다른 사람들에게 주의를 줬어요. 물도 주시고요. 이곳에서 모압 사람이라는 이유로 멸시도 당했는데 보아스님은 그렇지 않았어요. 정말로 인자하신 분이었어요. 너무 기분이 좋았어요. 어머니."

룻이 이렇게 활짝 웃은 게 얼마 만인가... 쉴 새 없이 오늘 일어난 일을 말했다. 행복해 보였다. 그 행복이 룻의 일상이 되었으면 좋으련만... 나의 일상이 되었으면 좋으련만... 그때 갑자기 내 머릿속에 잊고 있었던 한 단어가 차올랐다. '고엘'이었다. 가난 때문에 잃어버린 우리 가문의 땅. 이 땅은 가까운 친척, 즉 고엘이 되사와야 할 책임을 가지고 있다. 남편이 아내를 남겨 두고 아들 없이 죽으면 고엘이 그 아내와 결혼해야 할 책임도 있었다. 고엘은 가문의 구원자였다.

아, 내가 왜 고엘을 잊고 살았지? 왜 룻을 가나안 땅으로 오게 하신 거지? 혹, 하나님께서 보아스를 우리 가문의 고엘로 삼으시려는 게 아닐까? 주책없이 마음이 두근거렸다. 그날 밤, 잠을 설쳤다. 이미 노쇠한 내 육체 속에 이런 설렘이 아직 남아있다는 게 신기했다. 얼마 만에 느껴보는 기분 좋은 긴장인가! 밤새 보아스가 바로 우리의 고엘이 아닐까 생각했다. 보아스와 같이 인자한 사람이라면 룻을 행복하게 해 주지 않을까? 우리 가문이 다시 채워질 수 있지 않을까?

4. 가득 채워진 어느 날

　보아스는 룻을 함부로 대하지 않았다. 인자하고 고매한 사람이라는 소문이 틀리지 않았다. 보아스와 룻이 결혼한 날을 잊을 수 없다. 그냥 서 있기만 해도 눈물이 나는 날이었다. 그동안의 미안함과 두려움이 눈물 한 방울에 씻겨나간 느낌이었다. 사람들은 모압 여인인 룻을 일곱 아들보다 귀한 며느리라며 칭찬했다. 우상숭배와 성폭력이 난무한 이 사사의 시대에 진주와도 같은 며느리였다. 딱딱한 조개 껍질 속에 감춰진 이 진주와도 같은 아이. 보아스와 룻이 오벳을 낳은 날도 잊을 수 없는 날이다. 마치 내 생명이 다시 살아난 느낌이었다. 텅텅 비어져 있던 내 삶이 가득 채워진 느낌이었다. 오벳을 안고 기뻐하던 어느날 밤, 하늘의 별을 보았다. 셀 수조차 없었다.

　그때였다. 마음 속에 말씀이 떠올랐다. 하나님께서 아담에게 하신 약속이 떠올랐다.

"여자의 후손이 뱀의 머리를 상하게 할 것이다."

하나님께서 아브라함에게 하신 약속이 떠올랐다.

"네 자손을 하늘의 별과 같이 줄 것이다."

이 아이가 그 축복의 통로가 되기를... 배교와 폭력이 가득한 이 암울한 사사의 시대, 죽음과 고통의 그림자가 가득 드리웠던 우리 가문에, 인자한 보아스와 현숙하고 지혜로운 여인 룻을 통해서 하나님의 약속이 성취되기를...

에필로그

이후 오벳이 이새를 낳았고, 이새는 다윗을 낳았다. 그리고 그 다윗 왕의 계보는 성육신한 예수 그리스도로 이어졌다. 여성이 성경책의 이름이 된 경우는 유대인이었던 에스더와 이방인이었던 룻 외에는 없다.

사무엘상

다큐 <사무엘과 사울> 대본집

S#1. 사무엘과 한나

사무엘 나의 어머니 한나의 삶은 고통이었어요. 어머니는 아
        이를 낳지 못했죠. 칠흙 같은 어둠이었지 싶어요. 아버
        지는 브닌나라는 부인도 있었어요. 그녀는 자식을 여
        러 명 낳았어요. 그런데 브닌나가 얼마나 어머니를 멸
        시했는지, 심장 한 가운데를 날카로운 칼로 찔리는 느
        낌이었다고 해요. 사사 시대의 암울함이 엄마의 삶 속
        에 녹아 있는 게 아니었을까 하는 생각도 들었어요.

한나   기도했어요. 아들을 달라고요. 아들을 주시면 하나님

께 바치겠다고요. 얼마나 눈물 콧물 다 흘리면서 정신 없이 기도했는지, 엘리 제사장이 술에 취한 걸로 오해하더라고요. 아마 그 정도로 울부짖었던 것 같아요. 기도 말고는 다른 방법을 몰랐거든요.

내레이터   그런데 눈에 넣어도 아프지 않을 아들을 낳아놓고서 성전에 바쳤다고요?

한나   서원을 했으니까요. 하나님께서 저를 기억하셨으니까요. '그의 이름은 하나님이다'라는 뜻으로 '사무엘'이라고 이름 붙였죠.

사무엘   어머니를 볼 때마다 그런 생각이 들었어요. 이스라엘의 소망이 어디에 있는지 말이에요. 어머니에게 새로운 생명을 주신 분은 하나님이에요. 이스라엘도 마찬가지 아닐까요? 하나님만이 생명을 낳지 못하는 이스라엘의 문제를 해결할 수 있겠지요.

내레이터   성전에서 엘리 제사장과 함께 지냈잖아요? 엘리 제사장이 돌아가셔서 많이 힘들었겠어요.

사무엘   그렇죠. 인간적으로 너무 슬펐죠. 그런데 한편으로는 우리가 살고 있는 이 시대가 어느 정도 암울한 시대인지 알 수 있었죠. 블레셋과의 전쟁은 아시죠? 홉니와 비느하스(엘리 제사장의 아들들)는 법궤를 가지고 가면 이길 수 있다고 생각했어요. 하나님을 자기 뜻대로 조종할 수 있다고 생각한 거죠. 하나님은 우리가 순종을 해야 할 분이지, 조종할 수 있는 분이 아니신데 말이에요. 어쨌든 홉니와 비느하스가 전쟁에서 죽고 법궤는 빼앗기고, 엘리 제사장은 그 소식을 듣고 돌아가셨죠.

내레이터   그런데 비느하스의 아내가 아들을 낳고 '이가봇'이라고 했다죠?

사무엘   영광이 이스라엘에서 떠났다는 뜻이죠.

S#2. 사무엘과 사울

내레이터   블레셋으로 법궤를 빼앗겼잖아요? 그때는 사무엘님이 안 보이더라고요.

사무엘   제가 뭐 굳이 등장할 필요가 있나요? 사건은 잘 아시잖아요? 블레셋 사람들이 섬기는 우상 중에 다곤이 있어요. 법궤가 그 신전에 들어가니까 다곤 상의 목이 잘리고 손도 잘리고 난리도 아니었어요. 전염병도 퍼졌죠. 우상과 하나님의 가장 큰 차이가 뭘까요?

내레이터   글쎄요.

사무엘   우상은 우리가 조종하는 거죠. 하나님은 그런 우상이 아니에요. 우리가 순종해야 할 분이죠. 조종과 순종, 반드시 기억하세요. 하나님을 조종할 수 있는 우상으로 생각하는 건 아닌지 항상 주의해야 해요.

내레이터   아, 그렇군요. 그리고 이제 사무엘님에게 호칭을 좀 붙여야 할 것 같은데, 어떻게 하죠? 사사? 제사장? 선지자? 사실은 이 역할들을 다 하셨잖아요. 사실상 모세 이후에 최초로 모세의 반열에 오르신 분 아닌가요?

사무엘   저는 그저 제게 주어진 사명에 순종했을 뿐이에요. 그냥 사무엘이라고 부르세요. 괜찮아요.

내레이터   참 죄송한 말씀을 하나 드려야 할 것 같은데요, '요나단 신드롬'이라고 들어보신 적 있으신가요?

사무엘   드릴 말씀이 없네요. 참 부끄럽죠. 요나단은 모세의 증손자예요. 요나단은 우상을 위한 제사를 주관한 인물이죠(삿18:30, 31). 신앙이 3대를 넘기기 쉽지 않다는 뜻으로 사용되는 기독교 교육학 용어로 알고 있어요. 사실 저도 마찬가지예요. 제 아들 요엘과 아비야가 엉망이었죠. 이스라엘 백성이 왕을 요구한 계기가 됐고요.

내레이터   어떠셨어요? 이스라엘 백성들이 왕을 요구할 때의 마음요.

사무엘　마음이 좋지는 않았어요. 그래도 하나님께 기도했어
　　　　요. 사실 하나님께서는 이스라엘 백성들이 왜 왕을 요
　　　　구하는지 알고 계셨어요. 그들은 세상의 통치 방식을
　　　　따르고 싶었던 거죠. 하나님이 자신들의 진정한 왕이
　　　　라는 사실을 인정하지 않았던 거예요. 하지만 하나님
　　　　은 왕정 제도를 승인하세요. 이제 사사의 시대가 저물
　　　　고 왕정의 시대로 돌입하게 된 거죠.

내레이터　아, 그렇지 않아도 오늘 이스라엘의 초대 왕 사울을 초
　　　　대했습니다. 잠시 후에 오실 거예요. 잠깐 광고 듣고
　　　　다시 돌아오겠습니다.

　　　　(쉬는 시간 동안에 사무엘이 항의를 한다)

사무엘　아니, 이러시면 안 되죠. 사울이 출연하면 미리 얘기
　　　　를 했어야죠. 그랬으면 전 나오지 않았을 것 아닙니까?

내레이터　이왕 이렇게 된 거 제 입장을 고려해서라도 봐 주시
　　　　죠. 사울이 같이 나와야 시청률이 올라갈 것 같다고 해
　　　　서... 죄송합니다. 아, 광고 끝났네요.

내레이터　(급하게) 사울 왕이 나오셨습니다. 반갑습니다.

사울　　아, 네. 반갑습니다.

내레이터　사무엘님과는 오랜만이시죠?

사울　　아, 예, 뭐. 그... 다윗에게 기름을 부어주었다는 소식을

들은 이후에는 데면데면하게 지내고 있습니다.

사무엘 　(외면한다)

내레이터 (당황하며) 자자, 과거로 한번 돌아가볼까요? 어쨌든 이스라엘 초대 왕이 되셨잖아요. 그때 기분이 어떠셨어요?

사울 　처음에는 놀랐죠. 사무엘 선생님이 계시니까 하는 얘기인데요, 처음에는 저도 잘해보려고 했어요. 그런데 말이 왕이지, 너무 제약이 많은 거예요.

사무엘 　(발끈하며) 무슨 제약이 많다고 그러세요?

사울 　아니, 무슨 왕을 사무엘이 임명해요? 사실 선지자가 왕 노릇을 한 거죠. 저는 사무엘 때문에 뭘 제대로 하지를 못했어요.

사무엘 　그게 바로 당신의 한계예요. 하나님은, 하나님의 주권이 꿈틀거리는 왕 제도를 만드시기 원하셨던 거예요. 당신이 잘나서 왕이 된 게 아니에요. 하나님께서 선택하신 거지. 그리고 왜 내가 당신을 임명했겠어요? 당신 말마따나 선지자인 나를 통해 왕을 견제하려고 한 거죠. 그게 얼마나 필요한지는 당신도 알고 있잖아요? 왕도 율법과 선지자의 말씀에 순종해야 한다는 걸 정말 모른다는 말이에요?

사울   아니, 무슨 말씀을 그렇게...

사무엘   왕이 된 다음에 당신이 한 행동을 생각해 보세요. 순종이 제사보다 낫다고 한 말 기억하세요? 제가 아까 내레이터님께도 말씀드렸어요. 우리는 조종하는 게 아니라 순종하는 사람들이라고요. 그런데 당신은 당신 마음대로 제사를 드렸어요. 아말렉과의 전투에서도 하나님의 말씀을 어겼죠. 당신은 스스로 몰락한 거예요. 나를 원망하지 말아요.

사울   아니, 그래도 어떻게 제가 눈 뜨고 살아 있는데, 다윗에게 기름을 부을 수가 있는 거죠?

사무엘   말씀드렸잖아요. 저는 하나님의 말씀에 순종할 뿐이라고요. 이미 하나님은 당신을 버렸어요. 당신이 하나님의 말씀을 버렸기 때문이에요.

사울   아니, 도대체 왕을 불러놓고 지금 뭐하자는 겁니까? (사울에게 전화가 온다) 잠깐만요... 뭐, 뭐라고? 다윗이 엔게디 광야에 숨어 있다고? 알았어. 잠깐만 기다려. 금방 간다고. 어이 사회자 양반, 미안한데 지금 급한 일이 있어서 말이야. 인터뷰는 나중에 하는 걸로... (사울은 급하게 자리를 떠난다)

내레이터 예기치 않은 방송사고가 발생했네요. 시청자 여러분들의 많은 이해 바랍니다. 아, 사울 왕이 저 정도로 다윗을 싫어하는지 몰랐네요. 그래도 자기 사위 아닌가요? 왜 저렇게 싫어하는 거죠?

사무엘 하나님께서 다윗과 함께 하셨기 때문이죠. 하나님께서 함께 하는 사람을 어떻게 이길 수 있겠어요. 질투가 난 거지. 어떻게든 자기의 왕권을 지키고 싶은 거죠. 이제부터는 다윗의 시대가 도래한 거예요. 하지만 다윗이 사울을 죽이지는 않을 거예요. 하나님이 세우신 왕을 자기가 죽일 수는 없으니까요. 사울은 참 비극적인 이스라엘 초대 왕으로 기록을 남기게 되겠죠.

S#3. 아, 사울...

내레이터 인터뷰가 끝나고 얼마 지나지 않아 사무엘은 하나님의 부름을 받았다. 사울은 결국 블레셋과의 전투에서 패한 후, 길보아 산에서 비극적인 죽음을 맞이하였다. 그리고 다윗의 절친, 사울의 아들 요나단도 함께 전사하였다. 사무엘의 말처럼 이제 다윗의 시대가 열린 것이다. 사무엘을 기리며 사무엘의 명언을 남기면서 이 영상을 접고자 한다.

"순종이 제사보다 낫고 듣는 것이 숫양의 기름보다 낫다."

사무엘하

유다일보 : 다윗 관련 기사

거칠 것이 없는 진격의 왕 다윗, 연일 최고 지지율 갱신!

이스라엘 2대 왕으로 등극한 다윗의 지지율이 연일 고공행진을 하고 있다. 이스라엘 12지파 중 유다 지파의 왕으로 머물 수밖에 없을 것이라는 세간의 예상은 빗나갔다. 사울의 죽음 앞에서 오열한 다윗의 모습이 다른 지파의 사람들에게도 깊은 인상을 남겼던 것으로 평가받고 있다. 결국 전체 이스라엘의 왕으로 등극한 다윗, 과연 그의 인기비결은 무엇이었을까?

우선 예루살렘을 정복하고 정치적 수도로 삼은 것은 다윗 집권 초반부에 눈에 띄는 성과였다. 다윗은 언약궤를 예루살렘으로 옮기는 등 예루살렘을 영적 수도로도 삼기 위해 시도했지만, 절반의 성공에 그쳤다. 성전까지 짓지는 못했기 때문이다. 성전 문제에 깊숙이 개입한 것으로 알려진 나단 선지자의 말을 인용하기로 한다.

"다윗의 열정은 놀라웠어요. 정말로 성전을 짓고 싶어했죠. 그런데 하나님의 말씀이 더 놀라웠어요. 오히려 하나님께서 다윗을 위해 집을 짓겠다고 하셨어요. 그리고 다윗의 후손이 그 집, 그러니까 그 왕조를 영원히 견고하게 할 것이라고 하셨어요. 하나님은 메시아를 약속하신 거예요. 아브라함의 후손인 메시야를 통해 천하만민이 복을 받을 것이라는 그 복을, 다윗의 후손이 이룰 거라는 뜻이죠(*다윗 언약이라고도 불리는 사무엘하 7장의 말씀은 이후에도 수많은 선지자들의 예언의 배경이 되었다). 그 말씀을 듣는 순간, 온몸에 전율이 일어났어요. 과연 그 메시아가 어떤 분일지 저도 너무 궁금했어요. 하나님은 앞으로도 조금씩 조금씩 하나님의 뜻을 보여주실 거예요. 너무 기대돼요. 이스라엘의 모든 선지자들이 이것 때문에 난리가 났다니까요. 하하하."

여론조사 결과, 다윗 왕이 시도한 국방 전략도 성공적이었다는 평가를 받고 있다. 특히 전쟁문제에 관한 한, 한 수 위로 평가받던 블레셋을 물리친 것이 컸다. 다윗을 불안하게 바라보고 있던 국민들의 신뢰도는 하루 만에 상한가를 기록했다. 모압과의 전쟁에서도 승리했다. 암몬과 아람과의 전쟁에서도 승리했다. 그야말로 백전백승의 신화가 다윗의 수식어로 자리잡았다. '사울은 천천이요, 다윗은 만만이로다'라는 흘러간 옛노래가 다시 살렘보드 차트 1위로 진입하는 등 역주행 신화를 일으키기도 했다.

지면 관계상 다윗 집권 초반부의 기사는 이것으로 마무리한다. 다윗의 집권 초반부, 성공이라는 말로 표현하기에는 부족할 정도라는 것이 대다수 평론가들의 견해였다. 성공적으로 데뷔한 다윗 왕, 그의 왕권 후반부를 기대해 본다. (김샬롬 기자)

백주대낮에 일어난 다윗의 스캔들,
예루살렘을 충격의 도가니로!

다윗의 용사라고 칭송받던 우리아. 그의 아내 밧세바를 다윗 왕이 임신시켰다는 사실이 나단 선지자를 통해 드러났다. 다윗의 충성스런 신하였던 우리아가 전쟁터에서 죽은 것은 우연이 아니었던 것이다.

예루살렘은 하루종일 이 충격적인 소식 앞에 할 말을 잃었고 나단 선지자는 공개적으로 다윗을 책망했다. 다윗의 회개는 진심이었다고 나단 선지자는 전했다. 하지만 그의 눈물이 우리아의 원통함을 풀 수 있을까? 한 시대의 영웅이 이렇게 초라해질 수 있다는 사실 앞에 국민들은 망연자실했다. 하루종일 예루살렘에는 비가 내렸다. (이백주 기자)

다윗 가문, 충격 충격 또 충격!

밧세바 사건 이후, 다윗 가문에 충격적인 소식이 끊이지 않고 있다. 하나님이 다윗을 용서하였지만 잘못된 선택에 대한 결과가 나타날 것이라는 나단 선지자의 말이 현실로 등장했다.

밧세바가 낳은 아이는 이레 만에 죽었다. 암논과 다말, 그리고 압살롬으로 이어지는 다윗 가문의 역사는 죄의 결과가 얼마나 참혹한 것인가를 드러내고 있다. 암논이 이복 여동생 다말을 강간하였다는 소식이 들린 지 얼마 지나지 않아, 다말의 친오빠 압살롬이 암논을 죽였다는 소식이 들려왔다. 막장 드라마는 이것으로 끝이 아니었다.

압살롬의 쿠데타는 전혀 예상할 수 없는 사건이었다. 다윗은 다시 광야로 도망갔다. 다윗의 한 측근은 사울을 피해 다닐 때도 광야에 있었지만 그때의 다윗과는 무언가 달랐다며, 아마도 부끄러움 때문이었을 것이라고 전했다. 결국 압살롬의 죽음으로 이 쿠데타는 끝났다. 다윗 왕의 말년은 상처와 고통으로 가득 채워진 듯하다. (박충격 기자)

다윗 왕가, 실패인가 성공인가?

다윗 통치 40년을 맞아 유다일보에서 '다윗 왕조, 어떻게 평가해야 하나?'라는 간담회를 개최하였다. 결국 다윗의 말년 역시 순탄치만은 않았다는 평가가 주를 이루었다. 집권 초반부의 다윗과 달리 집권 후반부의 다윗은 많이 약해 보인다는 것이 참석자들 대다수의 의견이었다.

위드신학대학의 김교수는 다윗에 대해 기억과 회개를 잘하는 왕이라고 평가했다. 실패에도 불구하고 하나님의 은혜를 기억하고, 죄에 대해서는 즉각적인 회개를 할 줄 아는 왕이었다고 평가했다.

워킹신학대학의 이교수는 다윗의 순종을 높이 평가했지만, 결국 다윗 왕가가 유지된 것은 하나님의 약속이라는 점에 주목할 것을 당부했다. 다윗도 죄를 지었지만 그 죄에도 불구하고 하나님은 약속을 성취하시기 위해 일하신다며, 다윗 언약을 공동으로 연구하자고 제안하기도 했다. 윤리학 교수인 이교수는 교만한 자는 낮추시고 겸손한 자는 높이시는 하나님의 역사를, 다윗 왕조를 통해 다시 한번 발견하게 된다고 말했다.

이제 솔로몬이 다윗의 뒤를 이어 이스라엘의 왕이 되었다. 우리 신문사는 이후에도 후속 기사를 통해 다윗 언약이 역사 속에서 어떻게 나타나고 있는지 보도하고자 한다. 40년 간 이스라엘

의 왕으로서 수고한 다윗을 기억하며... (최약속 기자)

열왕기상

성경과 함께 여는 아침 1

아나운서 안녕하세요? '성경과 함께 여는 아침', 저는 아나운서
        이희주입니다. 이번 주에는 열왕기상으로 아침을 열
        어볼까 합니다. 오늘 아침을 성경으로 열어주실 분을
        초대했습니다. 위드신학대학원의 김영미 목사님 모셨
        습니다. 목사님, 안녕하세요?

김목사   네, 안녕하세요? 오늘은 저와 함께 열왕기상으로 아
        침을 열어보시죠.

아나운서 목사님, 열왕기상의 상세한 내용을 보기 전에, 우선
        전체적인 그림을 그렸으면 좋겠어요. 사무엘하는 주

로 다윗의 이야기로 채워져 있는데요, 열왕기상은 어떤가요? 열 명의 왕이 등장하는 건가요?

김목사   하하하. 유머죠? 열 명의 왕은 아니고요, 왕들을 쭉 나열했다는 뜻이랍니다. 원래 열왕기상하는 한 권의 책이었어요. 그런데 길면 부담스럽잖아요. 그래서 두 권으로 나눴어요. 열왕기상과 열왕기하로요. 그러니까 사실은 열왕기상과 열왕기하는 같은 흐름 속에 있다고 보시면 돼요.

아나운서   부끄럽지만, 저는 정말로 10명의 왕이 나오는 줄 알았어요. (방청객들이 웃음을 터뜨린다) 왕을 쭉 열거하셨다고 하셨는데요, 그러면 왕이 몇 명 나오는 건가요?

김목사   하하. 괜찮습니다. 그런데 왕이 몇 명 등장하는지 보기 전에 제가 질문 하나 드려도 될까요? 혹시, 열왕기상에서 가장 비중이 높은 왕이 누구인지는 아시겠어요?

아나운서   아, 그건 알 것 같아요. 사무엘하가 다윗의 이야기니까 열왕기상에서는 바로 솔로몬이 나오겠죠? 그리고 워낙 유명한 왕이니까요. 아닌가요?

김목사   네, 맞습니다. 잘 아시네요. 솔로몬은 지혜의 왕으로 알려져 있죠. 아버지를 닮아서 그런지 글도 잘 썼어요. 하나님의 영감으로 잠언의 상당 부분을 썼어요. 아가서도 썼고요. 논쟁이 있기는 하지만 전도서도 솔로몬이 쓴 것으로 알려져 있어요.

아나운서   아무래도 아버지를 보고 배운 게 있으니 믿음도 좋았겠죠?

김목사   저는 솔로몬을 볼 때마다 '용두사미'라는 한자성어가 생각나요. 솔로몬의 집권 초반은 정말로 화려했지요. 출애굽한 지 480년 만에 성전을 지었어요. 아버지 다윗도 하지 못한 일이죠. 게다가 성전 건축에 담긴 의미도 잘 알고 있었고요.

아나운서   나라도 부요했죠?

김목사   맞아요. 나라도 굉장히 부요했어요. 근동 지방에서 알아주는 부자 나라였어요. 얼마나 부강했는지 병거가 천사백 대였고, 마병이 만 이천 명이었어요. 은이 돌처럼 흔했을 정도예요. 그리고 결혼을 통해서 외교력도 발휘했죠. 후궁이 칠백 명이고, 첩이 삼백 명이었어요.

아나운서   와, 그 위세가 대단했겠네요.

김목사   그런데 역설적으로 그때부터 솔로몬은 무너지기 시작해요.

아나운서   왜요? 경제력도 있고 군사력도 탄탄하고 외교력도 탁
                 월한데요?

김목사   신명기를 보시면 이스라엘 왕이 하지 말아야 할 일 세
                 가지가 나와 있어요. 병마를 많이 두지 말 것, 아내를
                 많이 두지 말 것, 자기를 위하여 은금을 많이 쌓아두
                 지 말 것. 이게 바로 그 세 가지예요. 하나님께서는 이
                 스라엘이 제국의 길을 가기를 원하지 않았어요. 제사
                 장의 나라가 되기를 원한 거죠. 하나님의 공의와 사
                 랑을 드러내기를 원하신 거예요. 그런데 솔로몬은 그
                 명령을 하나도 빠짐없이 다 어겨요. 그 중 가장 큰 문
                 제가 뭔지 아세요?

아나운서   뭘까요?

김목사   우상을 들였다는 거죠. 여러 아내들을 기쁘게 하기 위
                 해서 아내들이 섬기던 신들을 이스라엘에서 그대로
                 섬기게 한 거예요. 후궁과 첩이 천 명이었으니까 우상
                 들이 얼마나 많았겠어요.

아나운서   그래도 솔로몬은 하나님을 섬기지 않았나요?

김목사   신앙에서 가장 무서운 게 뭘까요? 바로 혼합주의예요.
                 하나님도 섬기고 바알도 섬기는 거죠. 요즘으로 따지
                 면 점집도 가고 교회도 가는 거예요. 이스라엘이 종교

적 혼합주의의 길로 걸어가도록 그 문을 활짝 열어버린 거죠. 그 결과가 뭔지 아세요?

아나운서 뭘까요? 저도 잘 모르니까, 그냥 저한테 묻지 마시고 바로 말씀해 주셔도 돼요. (방청객들, 웃는다)

김목사 나라가 분열돼요. 솔로몬 이후에 10개 지파는 북이스라엘로, 유다와 베냐민의 2개 지파는 남유다로 쪼개져요. 열왕기상 11장까지는 솔로몬의 이야기이지만, 열왕기상 12장부터 열왕기하 17장까지는 북이스라엘과 남유다의 분열 왕국이 어떻게 흘러갔는지를 얘기하고 있어요. 그리고 결국 북이스라엘은 열왕기하 17장에서, 남유다는 열왕기하 25장에서 멸망하는 이야기가 나와요.

아나운서 아, 그러면 열왕기상과 열왕기하에는 솔로몬과 솔로몬 이후에 북이스라엘과 남유다를 통치했던 왕들이 등장하는 거군요.

김목사 네, 맞아요. 이제야 말이 통하네요. 제가 또 질문 하나 드려도 될까요? 혹시 북이스라엘과 남유다 왕들이 몇 명인지 아세요? 착한 왕과 나쁜 왕은 몇 명인지 아세요?

아나운서 (정색하며) 저기요, 목사님. 제가 말씀드렸죠? 그런 건

저한테 묻지 마시고 바로 대답해 주시라고요. 자꾸 이러시면, '성경과 함께 여는 아침'이 아니라 '원망과 함께 여는 아침'이 되는 수가 있답니다.

김목사　아이코, 죄송합니다. 워낙 질문하는 게 습관이 돼서요. 북이스라엘 왕은 19명(오므리의 정적인 디브니를 포함하는 경우 20명), 남유다 왕은 20명이 있었어요. 그런데 북이스라엘은 19명 전체가 악한 왕이라는 평가를 받아요. 남유다는 8명 정도가 선한 왕이라는 평가를 받고요.

아나운서　잠시만요. 여기서 저도 질문 하나 드려도 될까요? 도대체 누가 착한 왕이고 누가 나쁜 왕인 거죠? 그 기준이 뭔가요?

김목사　아주 좋은 질문이에요. 얼마나 부자냐, 얼마나 군사들이 많냐, 이런 기준이 아니에요. 우리는 지금 성경의 기준을 보는 거예요. '오직 하나님만 섬겼냐'가 성경의 기준이랍니다. 성경의 시각에서는 우상을 제거한 왕이 선한 왕인 겁니다. 하나님과의 언약에 신실한 왕인 거죠.

아나운서　아, 그럼 남유다 8명의 왕을 제외하고서는 전부 다 우상을 섬겼단 말인가요?

김목사 네, 맞아요. 바로 솔로몬이 그 길을 열어 놓은 거라
        고 할 수 있어요. 솔로몬은 초반에는 다윗 왕의 모습
        을 닮아 있지만, 후반부로 갈수록 이방의 왕들과 별
        로 달라 보이지 않아요. 솔로몬 사후에 여로보암이 북
        이스라엘을 분립 개척했는데 벧엘과 단에 금송아지
        를 세우죠. 출애굽할 때 시내산에서 이스라엘이 한 일
        이 떠오르지 않나요? 하나님이 가장 싫어하는 일들로
        나라를 시작한 거예요. 이후에도 북이스라엘은 그런
        악한 일을 쭉 계속하게 돼요. 그 중에도 최악이 누군
        지 아세요?

아나운서 저기요, 질문하지 마시고 그냥 말씀하시라니까요? 조
        금 열이 나네요. 열이 나는 왕들의 기록, 그래서 열왕
        긴가? (방청객, 웃는다)

김목사 네, 사실 열왕기상에 등장하는 왕들 중에 최악의 왕은
        북이스라엘의 아합 왕이에요. 오므리 왕조의 두 번째
        왕이죠. 오므리왕의 아들인데요, 부인 이세벨이 대단
        한 우상숭배자예요. 아마도 들어보셨을 거예요. 갈멜
        산에서 엘리야가 바알의 선지자와 대결한 사건을 아
        시죠? 바로 그때 북이스라엘 왕이 아합 왕이었답니
        다. 나봇의 포도원을 빼앗아 버리는 사건의 주범도 아

합 왕이었는데요, 그의 배후에는 아내 이세벨이 있었죠. 주술과 우상의 목적은 오직 자신의 탐욕을 채우는 거랍니다. 다른 사람들을 배려하는 게 아니에요. 완전히 우상으로 똘똘 뭉쳐있는 사람들이었죠.

아나운서   그런데 현대 민주국가에서는 대통령의 권력 남용을 방지하려고 입법부와 사법부를 따로 두고 있잖아요. 그 당시 이스라엘도 왕의 폭주를 막는 사람들이 있지 않았을까요?

김목사   와, 아나운서님. 가끔씩 굉장히 번뜩이는 질문을 할 때가 있어요. 대단하세요.

아나운서   목사님, 가끔이 아니에요. 저 원래 자주 번뜩여요.

김목사   이제부터는 선지자들이 본격적으로 등장해요. 선지자들은 하나님의 말씀을 전하는 사람들이라고 할 수 있어요. 선지자들이 많이 등장한 시기는 어떤 때일까요? 좋은 시기일까요, 아니면 나쁜 시기일까요?

아나운서   목사님, 저 지금은 번뜩이기 싫어요. 그냥 말씀하세요.

김목사   선지자들은 하나님의 백성들, 특히 왕들이 얼마나 하나님의 말씀을 잘 지키나 지켜보면서 우상숭배를 하거나 불의를 행하면 꾸짖는 역할을 주로 했어요. 그리고 회개하고 하나님의 말씀을 따르라고 선포했죠. 그러니까 선지자들이 많이 나타나는 시기는 악한 시기예요. 꾸짖을 일이 많았다는 거죠. 심지어 하나님께서 선지자들을 얼마나 많이 보내셨는지, 성경에서는 선지자들이 줄을 섰다는 표현을 쓸 정도예요. 그리고 열왕기상에 등장한 유명한 선지자는 아까 말씀드렸지만 엘리야예요.

아나운서   열왕기상은 조금 우울하게 끝나겠군요. 결말이 예상되는데요.

김목사   네, 그런데 우리는 역사에서 교훈을 얻어야 해요. 역사를 보고 '아, 그냥 그런 일이 있었구나' 하고 넘어가면 안 되는 거죠. 아나운서님 말씀대로 열왕기상이나 열왕기하 모두, 인간의 왕은 실패한다는 걸 드러내고 있어요. 그러니까 진정한 왕이 필요한 거죠. 역사서는 이스라엘 백성들에게 진짜 왕, 그러니까 메시아가 필요하다고 얘기하고 있는 거랍니다. 그리고 윤리적으로는 오직 하나님만을 섬기고 올바른 예배를 드리라고 얘기하고 있는 거죠. 물론 올바른 예배는 예배의식만 말하는게 아니에요. 삶의 예배도 포함하는 거죠. 어쨌든 그런 암울한 현실을 선지자의 입을 통해서 말씀하고 있는 거랍니다.

아나운서   그럼 이런 인간 왕들의 결말이 어떨지는 열왕기하까
         지 봐야겠군요.

김목사   네, 맞아요. 말씀드린대로 열왕기상하는 사실 한 권
         의 책이기 때문에 열왕기하까지 다 보고 난 다음에 열
         왕기서 전체의 교훈을 다시 한번 말씀드리면 좋을 것
         같아요.

아나운서   인간 왕의 실패는 결국 하나님만이 진정한 왕이라는
         사실을 보여주고 있는 거군요. 내가 왕이 되는 것이
         아니라, 하나님께서 왕이 되셔서 나의 삶을 주관하시
         기를 기도하게 됩니다.

         오늘도 이렇게 귀한 말씀으로 아침을 열어주신 목사
         님, 감사합니다. 다음에는 열왕기하로 다시 찾아뵙겠
         습니다. 저는 아나운서 이희주였습니다. 함께 하신 김
         영미 목사님, 감사합니다.

         [제작: 함께TV, 스크립터: 소희선, PD: 양재후]

성경과 함께 여는 아침 2

아나운서 안녕하세요? '성경과 함께 여는 아침', 저는 아나운서
이희주입니다. 지난주에는 열왕기상으로 아침을 열었
는데요, 이번 주에는 열왕기하로 아침을 열어볼까 합
니다. 지난주에 모셨던 목사님이죠? 위드신학대학원의
김영미 목사님 모셨습니다. 목사님, 안녕하세요?

김목사 네, 안녕하세요? 오늘은 열왕기하로 아침을 열게 되
겠군요.

아나운서 목사님, 사실 지난주에 시청자 게시판에 우울한 글들
이 좀 많이 올라왔어요. 성경으로 기분 좋게 아침을

열려고 방송을 들었는데 방송을 듣고 나서 마음이 무거워졌다, 좀 활기차게 아침을 열어줘야 하는 것 아니냐, 이런 글들이 많았던 것 같아요.

김목사 　아, 그렇군요. 어쩌죠? 열왕기하는 더 무거울 수 있어요. 북이스라엘과 남유다가 멸망하거든요. 우선 마음이 무거운 분들을 위해서 한 가지만 말씀드리고 시작하는 게 좋을 것 같아요. 열왕기서는 남유다가 바벨론에게 망해서 포로 생활을 하고 있을 때 쓰여진 성경이죠. 하나님께서는 왜 이스라엘에게 이런 혹독한 시련을 주신 걸까요?

아나운서 　목사님, 또 시작하셨군요. 질문하지 마시고요, 바로 답변해 주셔도 됩니다.

김목사 　죄송합니다. 습관을 버리기가 쉽지 않네요. 그럼 아나운서님께 한 가지만 부탁드려도 될까요? 아, 질문하지 말라고 하셨죠? 그럼 아나운서님께서 예레미야 29장 11절부터 13절 말씀을 읽어주시겠어요?

아나운서 　이런 부탁은 대환영입니다. 읽는 건 자신있지요. 그럼 읽겠습니다.

"나 여호와가 말하노라 너희를 향한 나의 생각은 내가

아나니 재앙이 아니라 곧 평안이요 너희 장래에 소망을
주려하는 생각이라 너희는 내게 부르짖으며 와서 내게
기도하면 내가 너희를 들을 것이요너희가 전심으로 나
를 찾고 찾으면 나를 만나리라"

김목사   하나님의 진짜 목적은 이스라엘에게 재앙을 주는 게
아니에요. 궁극적인 목적은 평안이죠. 하나님과의 관
계가 회복되는 겁니다. 바벨론 포로기간을 통해 죄를
깨닫고 다시 돌아오라는 겁니다. 하나님의 섭리와 뜻
을 먼저 이해하고 읽으시면 좋겠어요. 그러면 열왕기
서를 통해서도 하나님의 풍성한 은혜를 발견하실 수
있을 겁니다.

아나운서   그렇군요. 목사님. 감사합니다. 예레미야 선지자의 말
씀을 듣고 나니까 왜 열왕기서를 우리가 읽어야 하는
지 더 이해가 됩니다.

김목사   네, 사실 마음이 무겁다는 성도님들도 이해가 됩니다.
지난주에 말씀드린 것처럼 북이스라엘은 악한 왕들
대잔치가 이어집니다. 남유다도 마찬가지예요. 간혹
선한 왕들이 등장하기도 하지만 전체적으로 악한 왕
들이 주류를 이루고 있어요. 어떤 학자는 이런 열왕기

서의 구조를 나선형 하향곡선이라고 설명하더군요.

아나운서 그런데 목사님, 보통 열왕기상과 열왕기하는 각각 다른 왕들을 나열하고 있는데요. 한 왕은 열왕기상과 열왕기하에 걸쳐 있더라고요.

김목사 지난주에도 그랬지만, 아나운서님의 관찰력이 정말 뛰어난 것 같습니다. 대단하세요. 잘 보셨어요. 혹시 그 왕이 누구인지 아시겠어요?

아나운서 음, 질문은 반사하겠습니다. 목사님께서 말씀해 주시죠.

김목사 하하. 질문이 반사되었군요. 바로 이스라엘의 아하시야 왕입니다. 지난주에 아합 왕을 말씀드렸는데요, 그 아합 왕의 아들입니다. 아하시야 왕은 북이스라엘이 얼마나 타락하고 있는지를 상징적으로 보여주는 인물이라고 보면 될 것 같아요. 열왕기상에서는 조금 추상적으로 설명했는데요, 열왕기하에서는 더 구체적으로 그 타락상을 설명하고 있어요.

아나운서 어떻게요? 아하시야가 어떤 행동을 했죠?

김목사 아하시야는 오므리 왕조의 세 번째 왕이라고 할 수 있어요. 오므리 왕조의 가장 큰 잘못은 십계명의 제1계명을 어긴 것이라고 할 수 있답니다. 이전의 왕들은 여호와 하나님을 섬긴다고 하면서도 우상의 형상으로 만들었거든요. 십계명의 제2계명을 어긴 거죠. 그런데 오므리 왕조는 아예 대놓고 바알을 섬겨요. 열왕기하 1장을 보면, 아하시야가 바알세붑을 따르는 장면이 나와요. 여호와 하나님을 아예 섬기지 않은 왕조라고 할 수 있어요. 얼마나 하나님을 싫어했는지 하나님의 말씀을 전하는 선지자들을 대적이라고 부를 정도였지요. 그런데 제가 질문 하나 드려도 될까요?

아나운서 (혼잣말로, 또 질문?) 네, 말씀하세요.

김목사 이렇게 대놓고 우상을 섬긴 오므리 왕조, 경제적으로 잘 살았을까요, 못 살았을까요?

아나운서 음. 못 살았을 것 같아요. 이렇게 하나님을 따르지 않았으니까 하나님께서 벌을 내리지 않았을까요?

김목사 그랬을 것 같지요? 사실은 그 반대예요. 고고학을 보더라도 오므리 왕조는 강대국이었다는 걸 알 수 있어요. 상당히 부유한 나라였지요. 기술력도 탁월했어요. 군사력도 상당했고요. 그러니까 북이스라엘의 부흥과 번영을 가져온 왕조, 그게 바로 오므리 왕조였어요.

아나운서 아, 굉장한 강대국이었군요. 우상을 섬겼다고 하니까 제가 오해를 한 것 같군요.

김목사　네, 사실 우리도 마찬가지 아닐까요? 좀 잘 살면 하나님의 은혜라고 하고, 좀 못 살면 하나님께 더 기도해서 하나님의 은혜를 받으라고 말하죠. 그건 성경적 태도가 아니에요. 물론 우리가 자녀로서 우리에게 필요한 것들을 하나님께 구할 수는 있어요. 그리고 하나님께서는 자녀들에게 가장 적합한 때에 가장 좋은 것들로 채워 주세요. 자녀이기 때문에 그렇지요. 하지만 자녀의 태도로 구하는 게 아니라 자신의 부와 명예를 위해서 하나님을 이용하려고 한다면 그건 신앙인의 모습이라고 보기 어렵지요.

아나운서　그런데 오므리 왕조 사람들은 왜 그렇게 선지자들을 싫어했을까요? 오므리 왕조 시기에 활약한 대표적인 선지자가 엘리야와 엘리사잖아요. 오므리 왕가 사람들이 막 싫어하는게 눈에 보이더라고요.

김목사　나라가 번영했잖아요? 그런데 선지자들은 그런데 관심이 없었어요. 오히려 왕들이 하나님의 말씀을 잘 지키고 있느냐를 중요하게 생각했죠. 약자의 피로 산 재물은 아무 의미가 없으니까요. 나봇의 포도원을 뺏을 정도로 오므리 왕가의 사람들은 탐욕적이었어요. 그렇게 해서 부자가 되면 뭐하겠어요? 선지자들은 그런 부를 높게 평가하지 않아요. 그래서 자꾸만 하나님 말씀을 지키라고 얘기하죠. 바알 신앙에 깊이 물들어 있는 오므리 왕조 사람들에게 선지자들은 눈엣가시였겠죠.

사실 엘리야와 엘리사는 열왕기상 17장부터 열왕기하 13장에 걸쳐서 등장을 해요. 열왕기서 전체 내용의 40%를 차지하죠. 요나 선지자와 이사야 선지자도 등장해요. 그런데 이 선지자들은 왕들의 타락을 막기 위해서 무지 노력해요. 그러니까 얼핏 보기에 열왕기서는 왕들의 타락만 기록하고 있는 것처럼 보이지만, 이렇게 하나님의 말씀을 지키려는 사람들이 고군분투하는 모습도 등장해요. 결국 그런 선지자들이 북이스라엘과 남유다의 패망을 막지는 못했지만 하나님의 뜻이 무엇인지 알려주는 역할을 했다고 볼 수 있어요.

아나운서 아, 그 시기에도 하나님의 말씀을 지키기 위한 사람들이 있었군요.

김목사 그럼요. 암울한 시기에도 신앙을 지키기 위해 남아 있는 인물들이 있었답니다. 여호야다나 힐기야와 같은 제사장들도 있었죠. 결국 그런 소수의 인물들을 사용하셔서 하나님께서는 역사를 이루어 가시죠. 저는 이 방송을 듣는 모든 분들이 크기나 숫자를 따지지 말았으면 좋겠어요. 이게 하나님의 뜻이냐 아니냐를 중심으로 자신의 삶을 해석할 수 있으면 좋겠어요.

아나운서   네, 목사님. 감사합니다. 귀한 말씀 마음에 새기겠습니다. 그럼 북이스라엘의 오므리 왕조 얘기를 조금 더 해볼까요? 북이스라엘의 오므리 왕조도 결국 멸망하죠?

김목사   잘 아시네요. 영원할 것 같았던 오므리 왕조도 결국 예후 왕조에 의해서 멸망하죠. 예후 왕조도 꽤 오랫동안 유지돼요. 하지만 예후 왕조도 멸망해요. 결국 호세아 왕을 마지막으로 북이스라엘은 앗시리아에게 멸망당하게 됩니다. 북이스라엘은 무려 9개 왕조에서 19명의 왕이 등장해요. 평균을 내면, 한 왕이 약 11년 정도를 통치했다고 볼 수 있어요. 8명의 왕은 살해를 당하죠. 완전 쿠데타의 역사라고나 할까요?

아나운서   한때 그렇게 부강했던 북이스라엘이 왜 멸망을 한 걸까요?

김목사   열왕기하 17장을 보면 그 이유가 나와요. 정치학이나 경영학의 관점이 아니라 성경의 관점에서요. 바로 우상을 숭배했기 때문이에요. 그리고 이웃에게 불의를 행했기 때문이죠. 그리고 하나님의 언약에 순종하지 않았기 때문이라고 볼 수 있어요.

아나운서 그럼, 남유다 왕국은 어떤가요? 남유다도 왕조가 자주 바뀌었나요?

김목사 그렇지 않아요. 남유다는 다윗 가문이 쭉 이어가게 됩니다. 평균적인 통치기간도 16년이었죠. 20명의 왕이 모두 다윗 가문이었어요. 중간에 아달랴라고 하는 여왕이 등장하는데, 아주 예외적인 케이스라고 할 수 있죠.

아나운서 지난주에 했던 말씀이 기억나는데요, 남유다 왕 중에서는 선한 왕도 있었지요?

김목사 네, 맞아요. 8명 정도가 선한 왕이라고 평가를 받고 있어요. 아사, 여호사밧, 요아스, 아마샤, 아사랴(웃시야라고도 함), 요담, 그리고 히스기야, 요시야 왕이 바로 그 왕들이에요. 특히 히스기야 왕과 요시야 왕은 그 중에서도 발군이었죠. 히스기야 왕은 앗시리아가 침략했을 때도 하나님을 신뢰한 왕이에요. 요시야 왕은 잃어버렸던 율법책을 발견하고 회개하죠. 그리고 이방 예배를 없애고 개혁을 시도한 왕이었죠.

아나운서   그런 왕들이 있었으면, 남유다가 꽤 칭찬받지 않았을까요?

김목사   아나운서님, 혹시 히스기야 왕하고 요시야 왕 사이에 어떤 왕이 있었는지 아세요? 아, 제가 바로 답변드리겠습니다. 바로 므낫세 왕이에요. 최상의 왕 중간에 최악의 왕이 끼어 있는 셈입니다. 예루살렘 성전에 우상을 세운 왕이에요. 그리고 아들을 제물로 바치기도 합니다. 이방신들의 제사를 따른 거죠. 완전 최악의 왕이었어요.

아나운서   아, 결국 남유다도 멸망하게 되겠군요.

김목사   네, 북이스라엘은 B.C. 722년에 멸망을 했고요. 그때부터 약 130년이 지난 B.C. 586년에 남유다가 멸망을 하게 됩니다.

아나운서   그런데 목사님, 조금 궁금한게 있어요. 분명 하나님께서는 다윗의 왕조가 영원할 거라고 약속하지 않으셨나요? 하나님은 언약을 지키시는 분이잖아요. 이렇게 망하게 되면 하나님이 약속을 어기신 것 아닌가요?

김목사   아나운서님의 질문은 정말로 날카로워요. 맞아요. 이스라엘도 그런 생각이 들었겠죠. 사실 열왕기하는 아주 묘하게 마무리가 돼요. 바로 여호야긴의 이야기예요. 다윗의 후손이죠. 그 여호야긴이 바벨론의 포로가 되어 있었는데, 자유를 얻어서 왕과 함께 음식을 먹는 이야기로 마무리돼요.

아나운서 　희망을 보여주신 것 아닐까요? 성경은 조그마한 희망을 보여주고 그게 실현되는 모습을 보여줄 때가 많은 것 같아요. 홍수가 가득한 노아의 방주에서는 비둘기가 물고 온 감람나무 잎으로 희망을 보여 주셨죠. 그리고 가뭄 속에서는 엘리야에게 보여주신 손바닥 만한 작은 구름이 바로 그 희망이었죠. 열왕기하의 마지막 장면은 바로 다윗의 왕조가 다시 회복될 거라는 작은 희망을 보여주신 것 아닐까요?

김목사 　와, 아나운서님. 탁월한 해석입니다. 네, 맞아요. 열왕기하는 낮은 목소리로, 하나님께서 하신 약속이 결국 성취될 거라고 말하면서 끝내고 있는 거예요. 그리고 이 약속이 어떻게 성취되는지가 선지자들의 예언에서, 그리고 신약성경에서 좀더 구체적으로 드러나죠. 어때요? 이래도 열왕기하가 우울해 보이나요?

아나운서 　아, 결국 열왕기서는 회복과 희망으로 마무리되는군요. 하나님께서 약속하신 것은 결국 이루어진다는 믿음으로 성경을 보아야 하겠군요.

김목사   네 맞아요. 결국 다윗 왕의 후손으로 오실 예수 그리
스도의 모습을 보기 위해서는 신약까지 쭉 이어서 봐
야겠죠. 중간에 끊으시면 안 돼요. 성경은 창세기부터
요한계시록까지 쭉 읽어가면서 묵상하시면 큰 은혜가
있을 거예요. 이 아침에 열왕기하의 말씀을 통해서 우
리의 삶을 어떤 기준으로 해석해야 할지 묵상해 보셨
으면 좋겠습니다.

아나운서   이 시간은 김영미 목사님과 열왕기하의 말씀으로 아침
을 열어 보았습니다. 오직 하나님의 말씀이 여러분의
소망이 되기를 바랍니다. 저는 아나운서 이희주였습
니다. 함께 하신 김영미 목사님, 감사드립니다.

[제작 : 함께TV, 스크립터 : 소희선, PD : 양재후]

역대상

포로 생활에서 돌아온 한 유대인의 일기 1

시간은 그냥 사라지지 않는다. 마음 속에 깊고 넓은 흔적을 남긴다. 바벨론 포로 생활을 마치고 예루살렘으로 돌아온 지 거의 100년의 시간이 흘러간 것 같다. 흘러가는 시간만큼 절망의 흔적이 내 마음 속에 더욱 깊이 새겨졌다. 예루살렘으로 돌아왔지만 변한 것은 없는 것 같았다.여전히 우리는 페르시아의 식민지였다. 여전히 다윗 왕조는 몰락한 왕조에 불과했고, 솔로몬의 성전은 신기루처럼 사라져 있었다. 다윗 왕조의 영원성을 보장한 하나님의 언약은 먼지처럼 흩어져 버렸고, 하나님의 임재도 솔로몬의 성전과 함께 사라진 것처럼 보였다. 소망이 무너지는 것은 한 순간이었다.

그렇다. 오늘 읽은 역대기가 아니었다면 나는 무너졌을지도 모른다. 놀라운 경험이었다. 내 속에 실타래처럼 얽혀있던 의문들이 역대상을 읽어 나가면서 하나하나 풀려나갔다. 절망의 칼날이 아슬아슬하게 내 심장 앞에서 멈췄다. 다음 주에 역대하를 읽으면 이 절망이 희망으로 바뀔 수 있을 것 같다는 느낌도 들었다. 역대상이 어떻게 내 의문에 응답했는지, 내 기억의 언저리에 저장하고 싶었다. 머릿속에 남겨진 기억은 쉬 사라지고 부패하기 마련이다. 기억하기 위해선 기록해야 한다. 급하게 펜을 들었다. 나는 도대체 어떤 질문을 던졌던 것일까? 역대상은 이 질문에 어떻게 답했던 것일까?

1. 여전히 이스라엘은 하나님의 언약백성인가?

포로기 생활을 거치면서 가졌던 질문이었다. 아니 솔직히 말하면 질문이라기보다는 불신의 고백에 가까웠다. 혹시나 나의 이 질문에 역대상이 대답할 수 있을까? 솔직히 큰 기대없이 역대상의 첫 장을 열었다. 우스갯소리로 역대상 1장부터 9장은 성경의 수면제라고 불렸다. 그럴 수도 있겠다 싶다. 한 장도 아니고 무려 아홉 장에 걸쳐 족보를 기록하고 있으니 말이다. 잠이 오지 않는 게 오히려 이상한 일 아닐까? 그런데 아니었다. 역대상의 첫 장에서 느꼈던 전율이 아직도 생생하다.

1장의 첫 인물이 아담이었다. 여호와 하나님께서 나에게 이렇게 대답하는 것처럼 느껴졌다.

"너희들은 여전히 내 언약 백성이란다. 나는 여전히 너희들을 사랑한다. 다윗의 시기가 아니야. 모세의 시기가 아니야. 나는 창조의 시기부터 너희들을 주목해 왔단다."

결코 그 족보들은 수면제가 아니었다. 창조 때부터 우리와 함께 하시는 하나님의 역사였다. 나의 뿌리를 찾은 것 같은 느낌이었다. 그런데 어렴풋하게나마 또 하나의 생각이 들었다. 우리의 뿌리가 아담이라면, 하나님은 유대인들만의 하나님이 아니라는 생각이 스치고 지나갔다. 선지자들이 예언한 메시아는 우리 유대인들의 생각과는 달리 온 인류의 메시아가 아닐까 하는 생각 말이다.

2. 어떻게 하면 회복을 경험할 수 있는가?

땅 속에 숨겨놓은 보물을 찾은 것마냥 난 역대상의 족보부터 파고 들었다. 남들은 그렇게 졸립다는데 나에게는 전혀 그렇지 않았다. 그 족보 속에 내가 찾아 헤매던 답변이 숨어 있었다. 성경 말씀은 무엇 하나 버릴 것 없는 보물 창고였다. 우선 다윗을 중심으로 한, 왕의 족보가 눈에 들어왔다. 그런데 신기하게 아론을 중심으로 한, 제사장의 족보도 선명하게 새겨져 있었다.

유레카!

족보 속에 답이 숨어 있었다. 다윗의 후손으로 오실 새로운 메시아이자 왕이 우리를 기다리고 있다. 새로운 성전과 새로운 제사장이 우리를 기다리고 있다.

이제서야 내가 왜 그동안 절망의 우물에 빠져있었는지를 알 수 있었다. 바벨론에 의해 멸망한 이후, 다윗의 왕조는 이미 끝났다고 결론을 지어버렸기 때문이다. 솔로몬의 성전과도 같은 위대한 성전은 다시 세워질 수 없을 거라고 단정지었기 때문이다. 하지만 과거의 족보가 오늘의 나에게 말하고 있었다. 하나님께서는 다윗의 언약을 지키실 것이다. 새로운 왕이 등장할 것이다. 하나님께서는 다시 성전을 지으실 것이다. 하나님께서 그 성전에서 우리와 함께 거하실 것이다. 그리고 그 성전에서 제사장이 세워질 것이다. 우리는 그 언약의 말씀을 믿고 기도하면 된다. 그게 회복의 열쇠였다.

3. 왜 다윗을 이렇게 설명했을까?

역대상 10장부터 마지막 29장까지는 오롯이 다윗의 이야기로 채워져 있었다. 처음에 역대상을 읽어나갈 때는 거부감이 들었다. 다윗의 죄가 빠져 있었다. 다윗이 아무리 위대한 왕이라고는 하나, 그의 실수 또한 잊어서는 안 된다. 그런데 이상하게 역대상은 다윗어천가로 변질된 느낌이었다. 우리아를 죽이고 밧세바를 취한 사건이 빠져있었고 사울에게 도망을 다니던 험악한 시절도 생략되어 있었다. 다윗을 마치 흠결이 없는 이상적인 왕인 것처럼 그리고 있었다. 그리고 다윗의 행적 중에서도 유독 성전 건축을 준비하는 장면이 부각되어 있었다.

알면 보이는 법이다. 족보의 뜻을 이해하니까, 보이지 않았던 것들이 보이기 시작했다. 하나님께서는 다윗을 메시아의 예표로 사용하신 것이다. 그리고 새로운 성전이 메시아에 의해서 완성될 것임을 강조하신 것이다. 이후에 다윗의 후손이 왕이 될 것이고, 성전이 될 것이고, 제사장이 될 것이다(*예수 그리스도께서 왕이요, 성전이요, 제사장이라는 사실이 신약시대에 밝혀진다).

역대상의 족보 위로 눈물 한 방울이 떨어졌다. 족보책을 읽으면서 울어본 경험이 있는 사람이 몇 명이나 될까? 우리 이스라엘의 죄악이 떠올랐다. 언약을 어긴 것은 하나님이 아니었다. 우리였다. 우리는 한 줌의 재가 되어 사라지더라도 이상하지 않은 존재들이다. 누구도 그 결과를 원망할 수 없을 게다. 그런데 하나님은 포기하지 않으셨다. 언약을 이루시기 위해 우리에게 오실 메시아가 역대상의 말씀 속에 녹아 있다. 도대체 우리에게 오실 메시아는 어떤 분일까?

오늘 역대상을 읽었다.

절망이 소망으로 바뀐 날이었다.

역대하

포로 생활에서 돌아온 한 유대인의 일기 2

　포로 생활에서 돌아오고 나서도 달라진 것은 없어 보였다. 여전히 삶은 고단했고 역사는 냉정했다. 그런데 역대상을 읽으면서 캄캄한 동굴 같았던 내 마음에 작은 촛불 하나가 켜졌다. 그리고 역대하를 읽으면서 작은 촛불이 큰 태양이 된 것 같았다. 어렴풋하게 보였던 희망이 이제는 더욱 또렷해진다. 히브리 성경으로는 맨 마지막에 놓여 있는 성경인 역대하. 이제는 이 역대하의 뒤에 하나님의 계시가 채워질 것이라는 확신이 생겼다(*역대하는 히브리어 성경에서는 맨 마지막에 나오는 성경이다. 그 다음에 이어지는 성경이 바로 신약의 마태복음이다).

이스라엘의 회복은 먼 곳에 있지 않았다. 바로 성전이었다. 역대상에는 성전을 설계하는 다윗이 새겨져 있었다. 하지만 역대하에는 다윗의 아들 솔로몬이 성전을 건축하는 장면이 아름답게 그려진다. 성전에서 기도하는 장면과 그 기도에 응답하는 말씀을 읽으면서 가슴 한 켠이 아려왔다. 우리가 회복해야 할 것은 하나님의 임재였다. 하나님의 얼굴을 구하는 것이었다. 하나님께 기도하는 것이었다. 하나님이 임재하는 곳, 바로 성전을 회복하는 것이 우리의 과제였던 것이다. 포로 생활에서 돌아오고 나서도 달라진 것이 없었다. 여전히 우리의 입술은 불평했고 우리의 마음은 차가웠다. 하나님께서 원하시는 것은 낮은 마음이었다. 우리를 낮추고 오직 하나님께 부르짖는 것이었다. 성전에서 말이다.

우리 조상들의 부끄러운 역사가 떠올랐다. 형식적으로는 성전이 세워져 있었지만, 그 성전에서 이루어지는 것은 예배가 아니었다. 이웃을 착취하고 이웃을 차별하는 일이었다. 역대하는 진정한 성전에서, 진정한 예배를 회복하라고 말하고 있었다. 그리고 다윗의 왕조가 영원할 것이라고 약속하고 있었다. 우리가 해야 할 일은 그 예언의 약속을 믿고 기도하는 일이었다.

무언가 하나의 큰 그림이 내 마음 속에 그려졌다. 역대하는 성전과 다윗 왕조, 그리고 기도가 씨줄과 날줄처럼 연결되어 있었다. 솔로몬 이후에 등장한 유다의 왕들도 마찬가지였다. 성전에서 올바른 예배를 드렸는가, 아니면 우상을 숭배했는가가 평가의 기준이었다. 돈과 권력과 명예가 평가의 기준이 아니었다. 아, 우리는 얼마나 세상적으로 왕들을 평가해 왔던가. 부끄러웠다. 이제 역대하 이후에 쓰여질 하나님의 역사는 어떤 것일까?

좌절이 아니었다. 희망이었다. 아름다운 성전이 세워질 것이다. 그리고 다윗의 왕조는 영원할 것이다. 주여, 이 말씀을 속히 이루어 주소서.

PS

마태복음은 유대인들을 위해 쓰여진 복음서다. 마태복음은 다윗의 후손으로 오신 예수님, 진정한 성전으로 오신 예수님을 증거하고 있다. 결국 역대하는 신약에서 메시아로 오실 예수님에 대한 희망을 그리고 있는 성경이다.

에스라

소설 <에스라>

70년 만에 다시 예루살렘으로 돌아올 거라는 선지자들의 예언을 믿지 못한 건 아니었다. 그래도 고레스라니... 그는 이방의 왕이 아닌가? 왜 모세와 같은 유대인 선지자가 아닐까? 왜 다윗과 같은 유대인 왕이 아닐까? 왜 하필 페르시아 왕, 고레스란 말인가?

기쁨과 의문이 뒤섞여버린 듯, 스룹바벨은 입을 굳게 다물었다. 하지만 잠깐 무언가를 생각하던 그의 입가에 이내 미소가 번졌다. 무언가를 깨달은 듯했다.

'하나님의 계획과 섭리란, 참... 하나님은 유대인만의 왕이 아닌데 나는 왜 자꾸 하나님을 유대인만의 왕으로 제한하려는 걸까? 이방의 왕을 통하여 구원하실 수도 있지. 뭐... 내가 뭐라고... 앞으로 우리에게 어떤 메시아를 보내주실지 오히려 기대되는 걸! 일단 나는 이곳에서 성전을 짓는 데 진력해야지!'

스룹바벨은 중얼거렸다.

하지만 생각보다 쉽지 않았다. 내우외환(內憂外患)이었다. 바벨론에서 태어난 스룹바벨은 예루살렘의 이전 모습을 몰랐다. 하지만 한 눈에 보아도 예루살렘의 모습은 위태위태해 보였다. 포로로 잡혀가지 않고 예루살렘에 살고 있는 사람들에게 '축 귀향' 이라는 플래카드를 기대한 건 아니었다. 하지만 B.C. 538년, 49,697명의 사람들과 함께 바벨론에서 돌아온 첫날, 무관심인지 적대감인지 알 수 없을 그들의 눈빛을 잊을 수가 없었다. 성전을 짓는다는 소문은 순식간에 지역 사회에 퍼졌다.

다음 날, '축 귀향' 이라는 플래카드 대신에 '성전 건축 결사 반대'라는 현수막이 예루살렘 성전의 건축현장에 나부꼈다. 그들의 적대감과 두려움은 상상한 것 이상이었다. 사사건건 성전 건축을 방해했다. 이 일을 과연 완성할 수 있을지 두렵기도 했다. 하지만 스룹바벨은 성전의 주춧돌을 놓을 때 보았던 어르신들의 눈물을 잊을 수 없었다.

"이렇게 좋은 날, 왜 우세요?"

스룹바벨이 한 장로에게 물었다.

"물론 기쁘죠. 그런데 스룹바벨님은 잘 모르시죠? 솔로몬 성전이 얼마나 멋졌는지 말이에요. 그냥 그 성전을 떠올리는데 눈물이 쏟아지네요. 참 주책이죠? 미안해요."

솔로몬 성전을 보지 못하고 바벨론에서 태어난 사람들은 이 어르신들의 눈물을 아는지 모르는지 환호성을 지르고 있었다. 스룹바벨은 그날의 눈물과 환호성을 떠올리며 작은 돌 하나 하나를 쌓아나갔다. 매일매일 성전을 짓고 있는 유대인들을 격려했다. 이방의 왕을 통해서라도 언약을 이루신 하나님께서 이 일도 완성하실 것을 믿었다.

하지만 믿음이 곧장 현실의 삶으로 이어지는 건 아니었다. 또 한 번의 좌절은 스룹바벨의 마음을 흔들어 놓았다. 하나님의 언약은 봄날의 개나리처럼 자연스럽고 평탄하게 이루어지지 않았다. 또 다시 주위 사람들의 집요한 방해공작으로 성전 건축은 중단되었다. 성전 건축을 위해 쌓아둔 각종 자재들이 을씨년스러운 모습으로 널부러져 있었다. 16년 간 성전 건축은 중단되었다.

'하나님, 어떻게 해야 할까요? 도와주세요.'

스룹바벨은 기도했다.

얼마나 시간이 흘렀을까? 고레스를 사용하신 하나님께서 이번에는 다리오 왕을 사용하셨다. 페르시아 다리오 왕의 칙령으로 다시 성전 건축이 재개되었다. 아마도 후대는 성전 건축을 다리오 왕의 공적으로 기억할지도 모르겠다. 하지만 그 모든 역사는 하나님의 은혜라는 것을 우리의 후손들이 기억할 수 있을까. 스룹바벨은 B.C. 516년 성전 건축을 마치고 다시 하늘을 바라보았다. 그리고 조용히 기도했다.

'이제 이 성전에서 예배드릴 자들에게 말씀을 가르쳐 주세요. 이제 저는 이 땅의 인생을 마감하지만 이 백성들에게 다시 율법을 가르쳐 주세요. 바벨론에서 태어나서 예루살렘까지 인도하시고 성전까지 짓게 하신 주님, 감사합니다.'

스룹바벨은 조용히 눈을 감았다.

그 성전은 스룹바벨 성전이라고 불렸다. 혹은 솔로몬의 성전 이후에 지어진 두 번째 성전이라는 의미에서 제2성전이라고 불리기도 했다. 다리오 왕이 죽은 이후, 다시 이방의 왕이 이스라엘의 역사의 중앙에 등장했다. 바로 페르시아의 아닥사스다 왕이었다. 성전이 완성되었지만 그 성전에서 율법을 가르칠 사람이 필요했다. 에스라는 율법에 정통한 학사였다. 에스라가 아닥사스다 왕의 허락을 얻어 페르시아를 떠나 예루살렘에 도착한 건 성전이 건축된지 57년이 지난 후였다.

B.C. 458년. 1,758명의 사람들과 귀환한 에스라는 스룹바벨

성전을 바라보았다. 그런데 예루살렘에서 에스라가 목격한 것은 스룹바벨 성전만이 아니었다. 율법의 부재였다. 성전의 모양은 있지만 거룩함의 능력은 없었다. 죄가 만연해 있었다. 왜 나라가 망했는지 그들은 너무 쉽게 잊어버린 듯했다.

저녁 기도를 드리던 에스라의 머릿속에 이스라엘의 역사가 마치 파노라마처럼 흘러갔다. 커다란 눈물 한 방울이 성전 앞에 떨어졌다. 눈물과 콧물이 범벅이 되어, 에스라는 대성통곡하며 하나님 앞에 회개의 기도를 드렸다. 그 소리를 들은 온 이스라엘 백성의 마음이 뜨거워졌다. 갑자기 주위에 있던 많은 사람들이 무릎을 꿇고 겉옷을 찢으며, 두손을 하늘로 들고 함께 눈물의 기도를 올렸다. 하나님의 은혜가 아니고서는 누가 죄를 깨닫게 할 수 있단 말인가? 얼마나 시간이 지났을까. 에스라는 마음을 추스르고 두손으로 눈물을 닦고 일어났다.

"백성들이여, 하나님께서 언약대로 다시 이곳에 오게 하셨는데, 우리도 하나님의 말씀을 지켜야 하지 않겠습니까?"

에스라의 한 마디 한 마디에 백성들은 마음이 찔렸다.

이방 여인과의 관계를 끊으라고 한 것을 아마도 후대 사람들은 이해하지 못할 거라고 에스라는 생각했다. 하나님은 결혼 관계를 소중하게 생각하시니까 말이다. 하지만 지금 이 곳에서 이방 여인과의 결혼의 문제는 우상숭배의 문제와 직결되어 있었다.

단순한 결혼의 문제가 아니라 배교의 문제였던 것이다.

후대의 사람들이 기억할 수 있도록 에스라는 조용히 방에 들어와 예루살렘에서 있었던 일들을 기록하기 시작했다. 그리고 오늘 결국, 그 기록물의 마지막 장을 채웠다. 숨을 내쉬면서 마지막 펜을 내려놓은 에스라의 표정이 썩 밝아보이지는 않았다. 마지막 문장은 이방 여자와 결혼한 남자들의 명단이 나열되어 있었다. 그것으로 끝이었다. 이상한 마무리였다. 하지만 에스라는 자신의 마무리에 만족한 듯, 조용히 펜을 내려 놓았다.

'결국 돌판에 새겨진 율법으로는 이 정도의 마무리밖에 할 수 없을지도 모르겠군. 그래 이 정도로 끝내자. 결국 마음판에 율법이 새겨지지 않는다면 이상한 마무리로 끝날 수밖에 없겠지. 아, 우리의 마음판에 하나님의 법을 새길 메시야는 언제쯤 오시려나?'

바로 그때였다. 늦은 밤이었다. 누군가가 에스라의 집 대문을 크게 두드리고 있었다. B.C. 444년에 예루살렘으로 돌아온 느헤미야의 다급한 소리였다.

('느헤미야'에서 계속)

느헤미야

소설 <느헤미야>

  늦은 밤, 에스라의 집 대문을 두드리는 소리가 고요한 예루살렘의 적막을 깨뜨렸다. 에스라는 황급하게 문을 열었다. 느헤미야였다. 좀처럼 눈물을 보이지 않던 느헤미야 총독이었다. 그런데 느헤미야가 대문을 두드리며 울고 있었다. 느헤미야를 집안으로 안내하고 따뜻한 차 한 잔을 내어 왔다. 울고 있는 느헤미야를 보고 있자니, 12년 동안 예루살렘에서 함께 했던 추억이 찻잔의 증기처럼 새록새록 올라왔다.

  페르시아의 아닥사스다 왕을 섬기고 있던 최고위급 관리 느헤미야. 그가 페르시아 수산성의 안락함을 버리고 무너진 예루살렘성의 성벽을 쌓겠다고 돌아오던 날, 사람들은 수군거렸다. 돈과 권력과 명예를 다 가진 세계 최강대국의 관리가 비난과 조롱, 비웃음과 경멸, 적대와 혐오 속에서 초라하게 살고 있는 예루살렘 유대 공동체로 자원해서 돌아오다니! 그깟 초라한 예루살렘성 성벽이 뭐라고 화려한 수산성의 성벽 밖으로 뛰쳐나온 것인지 사람들은 이해할 수 없었다. 하긴, 여호와를 경외하는 자의 선택을 이해할 수 있는 자가 얼마나 될까.

그런데 에스라가 놀란 것은 그의 신앙 때문만은 아니었다. 느헤미야의 행정력과 실행력은 놀라웠다. 산발랏과 도비야가 어떤 인물인가? 온갖 사기와 음모와 협박과 비웃음으로 성벽 재건을 방해하지 않았던가? 심지어 느헤미야를 암살하려고까지 계획하지 않았던가? 사람이라면 그 죽음의 공포 앞에서 뼈마디가 흔들리고 간담이 녹아내리지 않았을까? 그런데 느헤미야는 표정 하나 변하지 않았다. '소명을 가진 자의 담대함이 이런 것이구나' 에스라는 생각했다. 느헤미야는 묵묵히, 하지만 불도저 같은 추진력으로 성벽 재건을 해나갔다. 사람들이 그의 먼지를 찾기 위해 옷을 털기 시작했다. 하지만 털어서 먼지 안 나는 사람이라는 별명을 붙여도 될 정도였다. 그는 청렴하고 성실했다.

에스라와 느헤미야는 금방 환상의 짝꿍이 되었다. 에스라는 율법을 성전에서 가르쳤고 느헤미야는 그 율법을 삶에서 실행했다. 성벽이 재건되고 다시 하나님의 율법을 낭독하며, 율법대로 살아가자고 다짐했던 그날의 추억을 에스라는 잊을 수 없었다. 모두가 죄를 회개했다. 모두가 즐거워했다. 느헤미야가 없었다면 어땠을까? 에스라는 생각했다. 그리고 다시 페르시아의 수산성으로 복귀한 느헤미야가 에스라는 언제나 그리웠다.

얼마나 시간이 흘렀을까? 그리운 얼굴, 느헤미야가 에스라 앞에 서 있었다. 그는 울고 있었다. 에스라는 그 이유를 알고 있었다. 그래서 굳이 말하지 않았다. 조용히 느헤미야를 안고 눈물을 흘렸다. 아, 돌판에 새겨진 율법은 얼마나 깨어지기 쉬운가. 눈물을 그친 느헤미야는 예루살렘에서 보았던 일들을 차근차근 얘기해주었다.

성벽을 재건하고 율법대로 살겠노라고 다짐한 그때의 이스라엘을 기대하고 예루살렘으로 돌아왔다고 했다. 하지만 다시 돌아온 느헤미야의 눈에 비친 것은 방치되고 있는 성전이었다. 지켜지지 않는 안식일이었다. 율법은 다시 오래된 골동품처럼 창고 속에서 숨 죽인 채로 지내고 있었다. 한참을 침묵하던 느헤미야가 말했다.

"대문 앞에서 기도를 했다네. 적어도 나는 최선을 다했다고 말이야. 이렇게 엉망진창으로 이스라엘이 살아가더라도 나는 하나님이 명령하신 대로 최선을 다했다고 말이야. 나를 기억해 달라고 말이야. 그런데 그때, 내 속에서 한 가지 소망이 일어났다네. 돌판에 새겨진 율법은 이렇게 쉽게 무너지지만, 이제 메시야가 오면 예레미야 선지자가 예언한 것처럼 그 율법이 마음판에 새겨질 거라는 소망 말이야. 자네나 나나 이 메시야를 소망하면서 이 땅에서의 삶을 마무리 하겠지만, 이후에 온 인류의 메시야가 하나님의 말씀을 그 마음판에 새겨주시겠지."

느헤미야의 마지막은 실망이 아니었던 게다. 소망이었던 게다. 그와 함께 이 초라한 예루살렘에서 위대한 하나님의 말씀을 나눌 수 있다는 것이 감사했다. 에스라는 느헤미야의 눈물 속에 있는 희망을 응시했다. 그리고 살포시 미소지었다. 어깨 위에 포근한 달빛이 스쳐 지나갔다.

에스더

회고록 : 페르시아 왕궁에서

1. 크세르크세스의 회고록

테르모필레 협곡에서 스파르타의 레오니다스 왕과 300명의 스파르타 병사, 그리고 그리스 연합군을 전멸시켰던 도취감이 곧장 독약이 되어 돌아올 줄 몰랐다. 살라미스 해전에서 이렇게 무너질 줄 누가 알았을까. 위대한 페르시아의 왕, 나 크세르크세스(*에스더서에서는 아하수에로 왕으로 불린다)가 한 줌 흙밖에 안 되는 존재라며 비웃었던 그리스에게 무너졌다.

변명의 여지가 없는 완전한 패배. 세계 해전사에 기록될 이 전쟁 패배자의 이름에 내 이름이 새겨진다고 생각하니 수치심이 온

몸을 채웠다. 매일 밤마다 굴욕감이 발끝에서 머리끝까지 기어오르는 느낌을 누가 알 수 있을까? 페르시아의 수산궁으로 돌아온 이후 나는 술과 잔치로 세월을 보냈다. 알코올의 힘으로 잊기로 했다. 성대한 잔치로 비어버린 내 가슴을 채우고 싶었다. 그때는 마치 알코올 중독자, 잔치 탐닉자가 되어 버린 것 같았다.

잔치를 벌이던 어느 날 밤이었다. 와스디 왕후가 남아있는 티끌만 한 내 자존심마저 태워버렸다. 내 명령을 거절하다니, 이제 왕후조차 날 무시한단 말인가? 살라미스 해전에서 퇴각하는 우리를 보고 비웃는, 한 그리스 용사의 비웃음이 환청처럼 귓가에 맴돌았다. 술기운이긴 했지만 와스디 왕후를 폐위시킨 그날의 기억은 또렷하다. 와스디는 내 인생에서, 살라미스 해전에서 침몰한 배처럼 망각의 바다로 침몰했다.

후궁을 간택하기로 했다. 에스더라는 여인이 내 인생에 들어온 건 우연이었을까? 아니면 그녀의 표현대로 섭리였을까? 에스더를 후궁으로 간택한 이후에도 여전히 공허한 내 마음이 채워지지 않았다. 한 권의 책을 집었다. 날 암살하려는 음모가 실려있는 책이었다. 아, 도대체 누가 날 살렸단 말인가. 바로 유대인 모르드개였다.

2. 하만의 회고록

저 높이 서 있는 장대를 보며 두려움에 생을 마감할 줄은 꿈에도 몰랐다. 한때 아하수에로 왕 다음의 제2인자가 되어 권력을 누리는 게 인생 제2막의 목표였다. 모든 것은 바람처럼 자연스러웠다. 왕은 날 총애했고 모든 사람들은 내 앞에 무릎을 꿇었다.

모든 것은 모르드개로부터 시작되었다. 하나님 외에는 절할 수 없다는 그의 종교심이 날 불편하게 했다. 내 권력을 보여주려 했다. 모르드개로부터 시작된 적개심이 온 유대인에게로 옮겨붙는 데에는 그리 긴 시간이 걸리지 않았다. 이 참에 사람 앞에 절하지 않는다는 유대인들을 다 쓸어버리자 생각했다. 아하수에로 왕은 허락했다. 주사위(부르)를 던져 유대인 대학살의 날을 정했다.

그날만 손꼽아 기다렸건만 저 앞의 큰 장대에 내가 매달릴 줄이야. 모르드개가 달려야 할 장대 앞으로 걸어가는 내 모습이 처량하다.

3. 에스더의 회고록

사촌 오빠인 모르드개가 다급한 목소리로 말했다. 그건 설명이라기보다는 명령에 가까웠다. 목소리를 떨면서 모르드개는 하만의 계략을 말했다. 유대인 대학살의 날이라는 말을 듣는 순간 온몸이 부르르 떨렸다. 모르드개는 내가 왕후의 자리를 차지한 것이 이때를 위한 거라며, 왕 앞에 나아가 유대인들의 목숨을 구할 것을 다그쳤다. 모르드개의 말에는 두려움이 아니라 확신이 담겨 있었다. 내가 아니더라도 하나님께서 구하실 것이라는 확신.

모르드개의 말을 끊었다. 그의 확신이 내게도 전해졌던 모양이다. "왕 앞에 나아가겠습니다. 죽으면 죽겠습니다." 모르드개에게 말하고 왕 앞에 나아갔다. 이상하리만치 왕은 나를 반겼다. 하나님의 섭리였다. 왕이 내 소원을 묻는 순간, 와락 눈물이 터져 나왔다. 내 동족 유대 민족이 말살될 날이 얼마 남지 않았다는 말, 그 끔찍한 일을 주도한 인물이 바로 하만이라는 말이 내 입에서 터져 나왔다. 그래도 모르드개를 매달려고 준비한 그 장대에 하만이 매달린 건 예상하지 못한 일이었다. 그는 부르로 유대인 대학살을 준비했지만 메시아를 예비하시려는 하나님의 섭리 앞에선 허망한 도구일 뿐이었다.

PS

유대인이 대학살의 위험에서 구원받은 날을 기념하여 유대인들은 지금까지 이 날을 부림절로 지키고 있다. 에스더는 하나님이라는 표현이 한 번도 나오지 않는 유일한 성경이다. 하지만 그 캄캄한 암흑과 같은 시기에도 하나님은 역사하시고 섭리하신다.

시가서

아침마당 : 욥과 친구들

사회자   안녕하세요? 오늘 아침마당 시간에는 우스 지역에서
가장 존경받는, 올해의 부자로 선정된 욥 선생님을 모
셨습니다. 그동안 절망의 세월을 보내셨죠? 그리고 친
구들과도 갈등이 있었다고 하는데요, 과연 욥 선생님
께 어떤 일들이 일어났던 걸까요? 오늘 아침마당의 제
목은 욥과 친구들로 정했습니다. 박수로 환영해 주시
기 바랍니다.

             (욥과 세 친구, 박수를 치면서 무대로 걸어 나온다)

사회자   환영합니다. (욥과 세 친구들 눈치를 보며) 이제, 사이

는 좋아지신 거지요?

욥   하하. 이 친구들하고 언제 사이가 나쁜 적이 있었나요?
           그냥 조금 다투었을 뿐이죠. 이제는 다시 예전처럼 잘
           지내고 있답니다.

사회자   오늘 주어진 시간이 많지 않아서요, 진액만 쫙쫙 뽑
           아내 보도록 하겠습니다. 먼저 엘리바스님께 여쭤보
           도록 하지요. 욥님을 처음 보았을 때 너무 충격을 받
           아서 한동안 말씀을 못 하셨다고 하던데요, 어떤 일이
           생겼던 거죠?

엘리바스   욥과 저는 오랜 친구사이였죠. 그런데 욥이 아프다는
           소식이 들려온 거예요. 좀 많이 아프다고 들었어요.
           그래서 소발과 빌닷에게 연락해서 같이 방문하기로
           했어요. 지인 중에 엘리후라는 청년도 있는데 그 친구
           도 함께 갔죠. 그러니까 그냥 가벼운 마음으로 병문안
           을 갔다고 생각하시면 돼요. 그런데 욥의 몰골이 말이
           아니었어요. 처음에는 다른 사람인 줄 알았어요. 엄청
           울었죠. 그리고 그냥 앉아 있었어요. 7일 동안 아무 말
           도 못 했죠. 너무 어처구니가 없으면 말문이 막히잖아
           요. 우리들이 그랬어요. 위로의 말이 무슨 의미가 있
           냐 싶을 정도였죠. 한동안 가만히 바라보고 있었어요.

욥	너무 말이 없길래 저라도 무슨 말을 해야겠다 싶어서 말을 꺼냈죠. 하나님을 원망했어요. 그때부터였어요. 친구들과 다툰 게 말이죠.
사회자	왜 다투신 거죠? 소발님이 말씀해 주시겠어요?
소발	그때만 하더라도 욥의 말이 이해가 안 됐어요. 사실 욥 같이 신실한 친구가 '하나님이 불의하다'고 얘기한 거잖아요. 그동안 하나님은 죄인에게 벌을 주시고, 의인에게는 상을 주시는 분이라고 단순하게 생각했죠. 그런데 욥의 꼴은 죄인 중의 죄인이 받아야 할 벌을 받고 있는 모양이었어요. 아무도 말은 안 했지만 분명 욥이 하나님 앞에서 큰 죄를 지었을 거라고 생각했죠. 그런데 욥이 오히려 변명을 하는 거예요. 자기는 죄가 없다고요. 오히려 죄가 없는 자기에게 이런 벌을 주신 하나님이 불의한 거라고 말이죠. 그때 엘리바스와 제가 발끈했던 것 같아요. 사실 마귀의 속삭임을 우리가 하나님의 음성으로 오해한 측면도 있어요.
사회자	아, 어떻게 말씀하셨어요?
빌닷	딱 하나였어요. 회개하라고요. 분명 네가 이렇게 벌을 받고 있는 것은 죄 때문이니까 철저하게 회개하라고 말이죠. 그런데 욥, 이 친구가 고집이 세요. 그 상황에

서도 어찌나 말은 잘하던지, 그냥 청산유수로 우리말을 반박하더라고요.

사회자 네, 욥님과 친구분들은 예전에 '친구들의 수다'라는 코너에도 나올 정도로 한 말씀하는 분들이라는 건 잘 알고 있어요. 그런데 욥님은 어떻게 반박하신 건가요?

욥 친구들이 자꾸만 제 죄를 회개하라고 하는 거예요. 그런데 아무리 생각해 봐도 이런 벌을 받을 만한 죄가 떠오르지 않는 거예요. 그래서 얘기했죠. 지금 내가 받고 있는 고난이 결코 내 죄 때문이 아니라고 말이죠. 오히려 죄가 없는 나에게 이런 고난을 허락하신 하나님이 불의하신 것 아니냐고 한탄했죠.

사회자 그 말씀에 친구분들은 또 반박하신 거군요.

엘리바스 네, 맞아요. 아픈 친구가 입은 살아 있더라고요. 과거의 욥을 보는 것 같았어요. 우등생이었거든요. 말을 너무 잘해서 한번 말로 이겨봐야겠다는 공격 본능을 불러일으켰죠. (욥을 툭 치면서) 친구야, 미안하다. 그때는 널 위로했어야 하는데 네가 정말 말을 얄밉게 잘하더라고. 어쨌든 우리들이 생각할 때, 욥이 다시 회복될 수 있는 길은 딱 하나였어요. 욥이 자기의 잘못을 인정하고 철저하게 회개하는 거라고 말이죠. 그런데 절대로 그렇게 하지 않더라고요. 욥 이 친구, 보통 친구가 아니에요.

욥   계속 대화가 평행선을 달렸어요. 제 친구들은 하나님은 공의로우신 분인데 네가 지금 고통을 당하고 있는 것은 너의 불의와 죄 때문이라고 얘기했죠. 그걸 세 친구가 번갈아서 연타석 공격을 해댔어요. 힘들었죠. 그래도 저는 계속 반대로 얘기했어요. 나는 죄가 없다고요. 오히려 하나님이 불의하시다고 말이죠.

빌닷   하나님께서 욥에게 말씀하시기 전까지 저희들이 가지고 있는 생각은 딱 한 가지였어요. 인과응보였어요. 욥의 고통은 욥의 죄에 대한 심판이라고 말이죠. 그것 외에는 다른 이유가 없다고 생각했어요. 그런데 욥은 이런 인과응보적인 생각을 반박한 거예요. 저희들은 도저히 이해가 안 됐죠. 하나님께서 말씀하시지 않았다면 아마도 지금까지 싸우고 있었을 거예요.

사회자 자, 그럼 여기서 한번 신앙의 간증을 들어볼까요? 그렇게 한탄하던 욥님에게 하나님께서 직접 말씀하셨다고 들었는데요, 도대체 어떤 말씀이셨나요? "내가 왜 이런 고통을 당해야 합니까?" 하고 물었을 때 어떻게 답해 주셨나요?

욥	하나님의 말씀을 들으면서 그런 생각을 했어요. 하나님이 선생님이시고 제가 학생이라는 생각이요. 온 자연 세계를 교육 자료로 삼으시더라고요. 사실 이 고통에 대해서 'OX'로 답하지 않으셨어요. 그냥 자연 세계를 쭉 설명하면서 저에게 폭풍 질문을 던지셨어요. 땅을 지을 때, 내가 어디 있었냐고 물으시더라고요. 산염소가 새끼 치는 때를 아냐고 물으시더라고요. 메뚜기가 왜 뛰는지 아냐고 물으시더라고요. 하나님은 답하지 않으셨어요. 저에게 창조 세계에 대해서 수십 개의 질문을 던지셨죠. 전 그 질문에 하나도 답할 수 없었어요. 그리고 사탄을 상징하는 리워야단을 잡을 수 있겠냐고 물으셨어요.
사회자	잠깐만요. 질문을 던지셨다고요? 그러면 욥님의 궁금증이 해결되지 않은 것 아닌가요?
욥	하나님은 사실상 그 질문으로 제 의문에 답을 주신 거랍니다. 저는 세상이 인과의 법칙에 따라 움직이지 않는 것 같다고 물었죠. 그런데 하나님은 자연 세계를 보여 주셨어요. 하나님께서 여전히 하나님의 법칙으로 자연 세계를 다스리고 계시다는 거예요. 저는 하나님이 공의롭지 않은 것 아니냐며 따졌어요. 그런데

하나님은 베헤못과 리워야단을 말씀하셨어요. 사실상 구약성경에서 리워야단은 사탄을 상징합니다. 그러니까 하나님께서는 눈에 보이지 않는 영적인 악의 세력을 제게 말씀하신 겁니다. 그제서야 알게 되었죠. 하나님의 공의는 실현되고 있다는 것을요. 하나님의 답변을 들으면서 제가 어떤 단어가 떠올랐는지 아세요?

사회자   네?

욥   하나님의 이치였어요(욥 42:3). 히브리어로는 '에짜'라고 해요. 한국어로 번역하기가 쉽지 않아서 '이치'라고 번역을 했는데요. 뭐랄까요, 하나님의 계획, 섭리, 디자인, 그런 의미라고 이해하시면 됩니다.

사회자   아직 무슨 말씀인지 잘 이해가 안 되는데요.

욥   사회자님이 생각하시는 하나님은 어떤 분이세요? 아마 머릿속에서 이런저런 생각이 드시겠죠? 저도 그랬어요. 자신이 경험한 만큼 하나님을 판단하는 거죠. 저는 고통 중에 있는 의인을 그냥 내버려 두시는 냉정한 신으로 하나님을 이해했던 거예요. 그런데 제가 하나님의 에짜를 알 수 있을까요? 창조주의 에짜를 피조물인 제가 온전히 이해할 수 있었을까요? 아니에요. 하나님의 주권과 섭리는 완전히 알 수 없어요.

사회자   그래도 하나님의 뜻이 무엇인지 알아야 되잖아요?

욥   네, 맞아요. 하나님의 뜻을 알아야 우리가 그 뜻대로 살
         아갈 수 있겠죠. 그런데 하나님의 에짜는 하나님께서
         알려주신 만큼만 알 수 있어요. 하나님께서 계시하신
         것만큼만 알 수 있는 거죠(*그 하나님의 계시가 신약
         에서는 말씀이신 예수 그리스도로 등장한다).

엘리바스 우리도 큰 착각을 한 거예요. 우리가 경험한 하나님은
         인과응보의 하나님이었거든요. 하나님의 에짜는 피조
         물의 지혜로는 절대로 알 수 없어요. 그런데 우리는 우
         리 경험의 한계로 하나님을 판단하고 친구를 비난했
         던 거죠. 고통이 죄의 결과인 경우도 있지만 그렇지 않
         은 경우도 있다는 걸 우리는 몰랐던 거예요. 하나님의
         에짜를 피조물의 경험 속에 집어넣으려고 한 거죠. 그
         래서 하나님께서 우리들의 말이 틀렸다고 하셨어요.
         저희들이 가졌던 단순한 인과응보의 세계관이 깨지는
         순간이었어요. 그때 우리는 진정한 자유를 경험했어
         요. 고통당하는 욥에게 필요한 건 하나님의 에짜를 바
         라보며 위로하는 거였는데, 우리는 욥을 비난하기에
         바빴죠. (욥을 바라보며) 친구야, 미안하다.

빌닷, 소발 (욥을 바라보며) 미안하다. 친구야.

엘리후	(방청객에 앉아서 큰 소리로) 어르신, 죄송합니다.
사회자	아, 정말 훈훈한 장면이네요. 하나님의 에짜를 우리의 경험 속에 가둬놓는 것, 우리가 참 많이 하는 실수 같아요.
욥	하나님이 계시지 않으셨다면 우리는 하나님의 에짜를 전혀 알 수 없었겠죠. 저는 지혜롭다고 생각했는데 아니었어요. 저는 하나님의 질문에 하나도 답하지 못했어요. 그 후에 저도 친구들처럼 자유를 얻었어요. 하나님께서 회복시켜 주셨습니다. 그 하나님의 에짜 역시 제가 완전히 알지는 못하지만 말이지요.
사회자	오늘 욥님과 친구들, 그리고 방청객으로 오신 엘리후님의 사과의 목소리를 들으면서 많은 생각들을 하게 되네요. 저도 답을 얻은 것 같습니다. 하나님의 사랑에 대해서 더욱 확신하게 되네요. 하나님께서 계시하셨으니까요. 하지만 제 교만은 꺾이는 느낌이 드네요. 저도 하나님의 질문에 하나도 답변하지 못하겠거든요. 그런데 그게 오히려 저를 지혜롭게 하는 것 같아요. 이렇게 오늘 귀한 간증을 나눠주신 욥님과 세 친구분들에게 감사드립니다.
엘리후	(방청객에서) 감사합니다. 어르신들.

사회자　욥님에게 하나님은 지혜가 무엇인지 알려주는 교사였
　　　　던 거군요. 욥님과 친구분들. 남은 여생 더욱 더 지혜
　　　　롭게 살아가시기를 응원합니다.
　　　　오늘 아침마당은 이것으로 마치겠습니다. 시청해주신
　　　　모든 분들, 감사드립니다.

PS

세상의 악과 고난의 문제는 인과응보의 원리로만 설명되지
는 않는다. 신약으로 갈수록 욥기서의 말씀 역시 예수 그리
스도를 보여준다는 것을 알 수 있다. 악과 고난의 문제를 십
자가의 죽음으로 이기신 예수님을 통해 하나님께서 얼마나
우리를 사랑하시는지를 알 수 있다. 그리고 욥기서의 말씀은
요한계시록과도 이어진다. 성도들은 이 땅에서 고난을 받지
만 예수 그리스도를 믿고 인내할 때, 새 하늘과 새 땅에서 영
원한 안식을 얻게 될 것이다.

시편

시로 쓰는 시편

장교수   제가 과제물을 드렸었죠? 본인이라면 어떻게 시편의
         개요를 설명할지 적어오라고요. 그리고 힌트를 드렸
         습니다. 시에도 장르가 있다고 말입니다. 학교에서 시
         를 배울 때, 서사시, 서정시, 혹은 극시 등의 장르가
         있다는 얘기 들어보셨죠? 시편도 마찬가지입니다. 모
         든 시편은 시라는 장르에 속해 있지만, 시도 다양하게
         분류할 수 있어요. 저는 여러분이 과제물을 통해서 시
         의 장르를 고려해서 시편을 설명하기 원했어요. 그런
         데 굉장히 독특하게 과제물을 수행해 온 학생이 있었

어요. 김영우 학생?

김영우   네, 여기 있습니다.

장교수   과제를 어떻게 했는지 한번 설명해 주시겠어요?

김영우   저는 교수님의 말씀을 듣고 우선 시편의 장르를 조사해 봤습니다. 학자들마다 시편의 장르를 다양하게 구분하고 있었는데요, 몇 가지 통일적인 내용이 있더라고요. 저는 시편의 장르를 크게 찬양시, 탄식시, 감사시, 지혜시, 그리고 제왕시로 구분했어요. 심지어 저주시도 있어서 놀랐습니다. 그리고 각각의 장르를 시를 통해 설명해 보고 싶었습니다. 그래서 부족하지만 시를 써보았습니다.

장교수   시편을 장르별로 구분해서 설명하는 것으로도 충분했는데, 시편을 시로 설명하는 창의성까지. 아주 재미있고 인상적이었어요. 그럼 과제물을 한번 읽어, 아니 낭독해 주시겠어요? 보너스 점수를 드리죠.

김영우   네, 그럼 읽어 보겠습니다. 아, 그리고 보너스 점수 때문에 읽는 것은 아닙니다.

찬양시

찬양하라.

여호와를 찬양하라.

아무 이유도 없이 노래하는 이들이여,

감정의 소용돌이 속에서 소리를 지르는 이들이여,

오직 자기의 만족을 위하여 현악기를 사용하는 이들이여,

그대들은 발견하라.

수줍게 가려진 한 글자를 발견하라.

키(*히브리어 접속사 '왜냐하면' : 이유를 설명하는 접속사)

그대들은 왜 찬양하는가?

이유 없는 찬양은 공기 속에 흩어지고 사라질 뿐이다.

찬양의 이유를 발견하라.

창조 세계의 신비로움을 보라.

구속의 은혜를 보라.

그대들은 왜 찬양하는가?

창조와 구속이 찬양의 이유가 되는 이여.

이유를 아는 이의 찬양은 얼마나 아름다운가.

그 은혜를 세세토록 찬양하라.

탄식시

탄식이 내 삶을 채웠도다.

고통은 공기처럼 가득하고

슬픔은 피부처럼 가깝구나.

여호와여 내 탄식을 들으소서.

악인의 소리는 천하에 가득하고

의인의 소리는 침묵으로 숨겨졌구나.

아픔이 내 뼈마디를 찌르고,

원수의 괴롭힘이 내 마음을 흔드는구나.

가난의 냉정함이 내 눈물마저 마르게 하는구나.

욥의 마음이 이랬을까.

도대체 하나님이 어디에 계신가.

좌절 속에 탄식하는 이여.

그러나, 그러나, 그러나...

그러나 하나님의 긍휼을 바라보는 이여.

그러나 하나님의 신실하심을 간구하는 이여.

그러나 하나님만이 이 고통의 열쇠임을 고백하는 이여.

그러나 고통 중에도 하나님께 부르짖는 이여.

이 접속사의 힘을 아는 이여.

그러나 불평을 찬양으로 바꾸는 이여,

그대의 탄식을 복으로 바꾸시며

그대의 눈물을 닦아주시는 하나님을 찬양할지로다.

저주시

원수를 저주하였다.

나를 괴롭히는 이들을 죽여달라고 부르짖었다.

제발 저들을 내 눈앞에서 사라지게 해 달라고 소리쳤다.

시편의 시인도 그렇게 저주하지 않았던가.

나의 저주는 정당한 것이라고 주문을 외웠다.

그때, 내 마음속에서 가느다란 질문이 올라왔다.

누가 나의 원수인가?

내 눈앞에 보이는 조그마한 십자가가 나에게 말한다.

오해했다고 말한다.

원수는 눈 앞에 보이는 사람이 아니라고.

원수는 죄와 사탄의 세력이라고.

그리고 그 죄와 사탄의 세력을 예수님의 십자가로 멸하셨다고.

그리스도의 고난으로 이제는 승리하였다고.

죄에게 퍼부어야 할 저주를 사람에게 퍼붓지 말라고.

이제는 십자가로 명확해지지 않았냐고.

아, 나는 어리석은 자로구나.

저주의 시를 주님의 십자가로 해석하지 못했구나.

오히려 내 마음속에 있는 증오와 혐오의 목소리로 이 저주의 시
를 해석하였구나.

이제는 주님의 십자가로 나아간다.

죄라는 원수를 이기는 유일한 방법.

아, 십자가...

감사시

탄식을 들으시는 주여,

약속을 지키시는 주여,

주께 감사합니다.

이제 이 감사를 침묵으로 내버려두지 않겠습니다.

이제 이 감사를 내 입술로 고백하겠습니다.

나를 둘러싼 모든 이들에게 주님의 구원을 노래하겠습니다.

한 순간의 감사로 머물지 않겠나이다.

영원토록 주의 구원을 감사하겠나이다.

지혜시

잠언에만 지혜가 있는 줄 알았다.

전도서에만 지혜가 있는 줄 알았다.

아, 한 편의 시에 지혜가 담겨 있구나.

지혜있는 자는 어떤 자인가.

고난과 환난에서도 주의 말씀을 지키는 자로다.

원수의 조롱 앞에서도 율법에 의지하는 자로다.

시편의 첫 번째 시는 지혜를 노래하고

시편의 마지막 시는 하나님을 찬양하도다.

지혜로운 자는 누구인가.

어떤 고난 속에서도 말씀을 의지하여 하나님을 찬양하는 자로

다.

제왕시

인간이 있었다.

그리고 왕이 있었다.

왕을 세우는 자 누구인가.

왕의 전쟁을 이끄는 자, 누구인가.

인간 왕은 결국 하나님의 대리자가 아닌가.

그렇다면 진정한 왕은 누구인가.

메시야.

예수 그리스도.

왕 중 왕.

잠언

나의 딸 지혜에게 보내는 편지

너를 처음 만난 그날이 떠오른다.

네가 살아갈 세상을 관찰이라도 하듯이 넌 눈에 힘을 잔뜩 주고, 미간을 찌푸린 채 세상을 응시했었지. 호기심으로 가득한 네 눈빛은 아직도 기억 속에 또렷한데, 벌써 20년이라는 세월이 흘렀구나.

지혜야. 아빠는 예전부터 잠언을 참 좋아했어. 그래서 녹록하지 않은 세상에서 살아갈 너의 눈빛을 보며 '지혜'라는 이름을 붙여주었지. 큰 캐리어 하나 끌고 기숙사로 걸어가는 네 뒷 모습을 보고, 다시 지혜를 생각해 본다.

지혜야, 뭐가 지혜라고 생각하니? 공부 잘하는 거? 똑똑한 거? 암기력이 좋은 거? 한 번 기숙사에 앉아서 차분하게 잠언서를 읽어봤으면 좋겠다. 네 이름에 담긴 참 뜻을 발견할 수 있을 거야. 잠언서를 읽을 때 주의해야 할 부분을 먼저 말해 줄게.

1. 잠언은 단순한 교양서적이 아니다

많은 사람들이 그저 잠언을 교양 서적으로 보는 경우가 많아. 참 좋은 말들이 많거든. 후반(10-31장)에는 경제 생활, 가정 생활, 언어 생활과 관련된 수많은 삶의 격언들이 등장해. 비록 그리스도인들이 아니더라도 새겨들을 만한 말들이 많아. 그래서 그냥 '아 좋은 말들이 많구나' 이렇게 생각하면서 가볍게 보고 넘어갈 때가 많은 거지.

그런데 잠언 초반(1-9장)을 주의해서 읽어보렴. 지혜 여인과 우매(어리석음) 여인이 등장해. 진짜 여자라는 말이 아니라 지혜와 우매를 의인화시킨 거라고 볼 수 있어. 그런데 신기해. 이 지혜 여인과 우매 여인이 다 비슷한 곳에 살고 있단다. 어디일까? '성 중 높은 곳'에 살고 있어. 솔로몬이 잠언을 쓸 당시의 사회를 생각해 보렴. '성 중 높은 곳'에는 뭐가 있을까? 고대 근동 사회 어디를 가더라도 성 중 높은 곳에는 신전이 있었단다. 즉 지혜 여인과 우매 여인은 모두 신전에 살고 있는 거야. 내가 뭘 말하려고 하는지 알겠니? 지혜 여인은 하나님을 상징하고 있어. 그리고 우매 여인은 우상을 상징하고 있지. 그런데 이 지혜 여인과 우매 여인이 식사의 자리로 사람들을 초대하는 거야. 누구와 함께 밥을 먹는가, 그건 굉장히 중요한 문제란다. 누구와 관계를 맺고 있는가를 보여주는 것이 바로 식사의 자리지. 지혜 여인과 우매 여인 모두 널 초대하고 있는 거야. 그런데 이 우매여인을 만만하게 보면 안 돼.

예를 들어볼까? 그 당시 가장 유명한 가나안의 신은 바알이었어. 물질적 성공과 번영을 약속하는 신이었지. 그 유혹을 물리치는 건 그렇게 쉬운 일이 아니라는 거야. 물론 우상의 끝은 항상 죽음과 파멸이야. 그 사실을 사람들이 놓칠 때가 많아. 지금도 유력 정치인들을 비롯해서 많은 사람들이 점을 많이 본단다. 그리고 실제로 그 점으로 큰 부를 쌓기도 해. 아빠는 그런 사람들을 볼 때마다 안타깝단다.

악에는 자기 파멸적 성격이 있어. 요한계시록을 보면 악과 악끼리 싸우다가 결국 파멸하는 장면이 나와. 처음에는 달콤한 성공을 보장하는 것처럼 보이지만 결국 그 사람이 망하는 모습을 보고 쾌감을 느끼는 것, 그게 바로 우상의 본질이란다. 달콤한 목소리로 유혹하지만 결국은 멸망으로 인도하는 것, 바로 그게 우매여인이고 바알이고 우상인 거지. 그런데 하나님은 물질적 성공과 번영 그 자체를 목적이라고 말씀하지 않으셔. 오히려 주어진 물질을 어떻게 사용해야 하는지를 가르치시지. 바로 그걸 성경은 지혜라고 말해. 세상의 성공을 주인으로 삼지 않고, 오직 하나님을 주인으로 알고 하나님의 뜻에 따라 주어진 것들을 어떻게 사용할지를 고민하는 거지.

결국 지혜는 방향인 거야. 자기의 욕망을 위해 사용하느냐, 아니면 하나님과 이웃을 위해 사용하느냐, 그게 바로 지혜와 우매의 차이란다. 솔로몬은 먼저 그 얘기를 하고 싶었던 거야. 돈과 부와 언어 등 수많은 얘기가 후반부에 나올 건데 그건 각론이란다. 각론을 이해하기 전에 먼저 총론을 이해해야 해. 바로 그 총론이 지혜 여인인 거야.

지혜야, 우선 순위를 먼저 발견하렴. 돈은 살아가면서 필요해. 어떻게 돈을 벌어야 할지 계획도 해야 하지. 하지만 우선 순위를 기억하렴. 하나님의 뜻을 알고 그분과 동행하는 것이 우선이야. 그리고 하나님의 뜻에 따라 돈을 벌고 돈을 사용하는 거지. 그게 바로 잠언의 철학이라고 할 수 있어.

그런데 나중에 신약을 읽게 되면 이 지혜가 누구인지 드러나. 바로 천지를 창조할 때부터 존재했던 그 지혜, 바로 예수님이야. 참된 지혜란 예수님과 함께 식탁의 자리를 나누는 거란다. 나는 네가 그런 참된 지혜를 가졌으면 좋겠구나.

2. 콘텍스트에 주목하라

하나님을 경외하는 지혜로운 사람들이 삶에서 어떻게 그 지혜를 적용하며 살아가야 할지가 후반부에 등장해(10-31장). 참 좋은 말들이 많아. 그런데 주의해서 읽어야 해.

예를 들어볼까? 부지런한 자가 부자가 될 거라는 말이 나와. 그렇다면 가난한 사람들은 다 부지런하지 않다는 말일까? 아니야. 성경은 분명 구조적인 악에서 나오는 가난도 말하고 있어. 잠언은 보편적인 율법을 얘기하는 게 아니야. 그 말을 할 수 있는 적절한 시간과 적절한 상황이 있는 거야. 지혜로운 사람은 어떤 사람일까? 적절한 시간과 적절한 상황에서 적절한 잠언을 적용하는 사람, 바로 그 사람이 지혜로운 사람이란다. 그러니까 잠언의 한 구절을 가지고 와서 함부로 말해서는 안 돼.

사실 그 실수를 한 대표적인 인물들이 욥의 세 친구란다. 인생의 고난에 얼마나 많은 뜻이 담겨 있는지 몰랐던 거지. 죄가 고난을 낳는다는 명제에 사로잡혀서 욥을 정죄했던 거야. 잠언은 기계적인 적용을 말하는 성경이 아니란다. 때와 장소를 가려서 말해야 하는 걸 욥의 세 친구들은 몰랐던 거야. 가장 지혜로운 말이 가장 어리석은 말이 될 수도 있는 거란다.

예를 하나 더 들어볼까? 잠언을 보면, 자녀를 징계하라는 말도 나와. 그 말씀을 보고 자녀에게 매질을 하는 부모가 있다면 어떨까? 그 부모는 어리석은 거야. 왜냐하면 그 잠언은 자녀가 어긋난 길을 가고 있는데도 불구하고 아무 훈계도 하지 않는 부모에게 하는 경고이기 때문이야. 자녀의 상황은 알지도 못하면서 자녀를 징계하는 부모는 어리석은 부모라고 할 수 있어. 그 잠언은 자녀에 대해 체벌을 하라는 잠언이 아닌 거야.

그러니까 잠언의 텍스트를 읽으면서 그 텍스트를 둘러싼 콘텍스트도 주목해야 해. 바로 그게 진정한 지혜란다. 후반부에는 건강, 부, 고난 등 인생에서 경험할 수 있는 다양한 주제들이 등장한단다. 한 구절에만 꽂혀서 엉뚱하게 해석하지 말고, 균형을 잡고서 말씀을 읽어나갔으면 좋겠다.

3. 지혜로운 교회가 되도록 기도하자

사람들은 의인은 복을 받고 악인은 벌을 받는다는 인과응보의 세계관으로 잠언을 단순화시킬 때가 많아. 하지만 잠언은 세상에서의 성공을 말하는 것이 아니라 그 성공을 어떻게 사용할 것인가를 말하고 있단다. 잠언을 통해 자신의 탐욕을 정당화시키려고 시도하는 것 자체가 우매 여인의 길을 따르는 거야.

아빠는 잠언서를 읽으면서 교회를 생각해 봤단다. 지혜가 사라진 교회란 뭘까? 참 지혜되신 예수 그리스도가 사라진 교회가 아닐까 싶어. 예수 그리스도가 누구이신지 무슨 일을 하셨는지 그런 것들은 사라지고 피상적이고 단편적인 잠언의 구절들이 교양과 상식처럼 전파되는 교회, 그리고 그 잠언의 구절들이 정치적 신념으로 포장되는 교회, 바로 그게 지혜가 사라진 교회가 아닐까 싶어. 만물을 그리스도께서 통치하신다는 것, 그리고 그 모든 삶의 상황들을 예수 그리스도의 지혜로 해석하는 것, 그것이 바로 진정한 잠언의 지혜란다.

나는 네가 20대의 그 화려한 시기를 지혜롭게 지냈으면 좋겠다. 우리 함께 잠언을 읽어나가면서 그 지혜를 발견해 보자꾸나.

지혜를 사랑하는 아빠가.

전도서

나의 손녀 지혜에게 보내는 편지

청년이라는 눈부신 이름을 가슴에 붙이고, 뜨거운 눈빛과 강인한 다리로 세상의 징검다리를 건너가고 있을 내 사랑하는 손녀 지혜야.

난 어제 저녁 노을이 희미하게 비치는 아파트 테라스에 앉아서 전도서의 말씀을 묵상했다. 시간이 흐른 만큼 마음도 흘러갔던 것일까? 정오의 태양처럼 뜨거웠던 청년의 시기에는 아무 느낌없이 의무감으로 읽어왔던 전도서였다. 그런데 어제는 다르게 다가오더구나. 전도서라는 성경 본문 위에 무기력하게 박혀 있던 단어 하나하나가 케케묵은 먼지를 털고서 다시 부활한 느낌이랄까. 전도서의 한 구절 한 구절이 성경책을 뚫고 나와서 내 마음 속으로 돌진했다. '저녁 노을 같은 노년의 시기에 이르러서 비로소 하나님께서 전도서의 기쁨을 알게 하시는구나' 하고 생각했다. 그리고 내 사랑하는 손녀 지혜가 이 전도서의 기쁨을 늦지 않게 알았으면 좋겠다는 마음이 홍수처럼 밀려왔다. 눈은 침침하고 기력과 기억은 희미하지만 그 기쁨을 나의 손녀와 나누고 싶어 이 편지를 쓴다.

전도서를 읽다가 가장 먼저 마음에 다가온 단어는 바로 '헛됨'이었다. 헛되고 헛되며 헛되고 헛되니 모든 것이 헛되도다. 헛되다는 단어로 번역된 말은 원래 원어인 히브리어에서는 '헤벨'이라고 한단다. 헤벨, 헤벨, 헤벨, 모든 것이 헤벨! 헤벨은 다양한 의미가 있는데, 원래 수증기나 연기라는 의미를 가지고 있다. 무슨 말일까? 일시적이라는 말이야. 태어나서 죽기까지 우리의 일생은 순식간에 지나간다는 말이지. 게다가 그 시간의 실체를 우리가 잡을 수가 없다는 말이야. 연기를 잡으려고 해 보았댔자 연기는 네 손을 금방 벗어나게 될 거야. 우리의 지혜로는 파악할 수 없는 것이 바로 인생이다.

잠언서를 읽어보았을 거야. 어떤 느낌이었니? 잠언서는 청년의 자신감으로 가득 차 있다. 여호와를 경외하는 지혜와 결혼하면 일과 말과 모든 삶에서 열매를 거둘 거라는 말씀으로 채워져 있지. 그래서 잠언서를 읽고 나면, 뭔가 불끈불끈 힘이 솟는 느낌이다.

그런데 전도서는 당황스러운 단어, 헤벨로 시작한다. 시간은 살같이 흘러가고 이해할 수 없는 일들이 시간을 채운다. 아무리 수고하고 애써도 그 열매를 먹을 수 없을 때가 허다하다. 버는 사람이 따로 있고, 쓰는 사람이 따로 있다. 아무리 이해하려고 해도 이해할 수 없는 일들이 도처에 널려 있는 것이 인생이다. 잠언서의 지혜와는 결이 다른 지혜가 전도서를 채우고 있단다.

아무리 지혜로운 인간이라고 하더라도 창조주 하나님의 지혜는 이해할 수 없단다. 그런데 지혜야, 놀라운 일이 뭔지 아니? 인생이 헤벨이라는 것을 인정하는 순간, 넌 자유를 누리게 될 거야. 인생이 연기와 수증기와 같이 헤벨이라는 것을 인정하는 것이 참된 지혜다. 물론 오해는 하지는 마. 어차피 이유를 알 수 없는 인생이니까 마음대로 살아가라는 얘기가 아니다. 하나님이 네게 주신 지혜와 은사를 가지고 치열하게 인생을 살아가라. 하지만 네 지혜로 알 수 없다고 해서 인생을 포기하지는 마라. 잡히지도 않을 수증기를 잡기 위해서 네 청춘의 시간을 허비하지 말아라.

카르페 디엠(Carpe diem)! 현재를 잡아라. 이 살같이 지나가는 청춘의 시기는 다시 오지 않는다. 하나님께서 지혜, 너에게 주신 아름다운 시간이다. 그 시기를 하나님 안에서 마음껏 즐기려

무나. 난 어제 전도서를 읽으면서 인생의 헤벨이 오히려 하나님의 선물이라는 사실을 새롭게 깨닫게 되었단다. 그 사실을 좀더 빨리 깨닫게 되었다면 어땠을까, 아쉬움이 들었다.

지혜야, 전도서가 말하는 또 하나의 지혜를 네게 말해줄까 한다.

메멘토 모리(Memento mori)! 죽음을 기억하렴. 모든 인생은 다 죽는다는 것을 기억하려무나. 이 할아버지도 언젠가는 하나님의 부르심을 받아 하늘나라로 가게 되겠지. 인생이 헤벨이라는 것을 가장 잘 보여주는 것이 바로 죽음이 아닐까 싶어. 그런데 우리는 언제 죽을지 모른다. 하나님께서 해 아래에서 내게 주신 생명의 해가 얼마나 길지 누구도 알지 못한다. 그러므로 미래를 위해서, 그리고 너의 노후를 위해서 현재를 희생하지 마라. 지금이야말로 하나님께서 너에게 주신 최고의 시간이라는 사실을 기억하렴.

할아버지가 되면 할 수 없는 것들이 많단다. 청춘의 때에만 할 수 있는 것들이 많지 않니? 그걸 포기하지 마라. 지금 청춘의 눈부신 시기에 너의 최선을 다하렴. 그리고 현재를 잡으렴. 현재를 살아내렴. 열심히 일한 노동의 대가를 먹고 마시며 즐거워하렴. 그런데 곰곰 생각해 봐. 죽음만큼 모순 덩어리인 사건이 있을까? 전도서의 저자는 심지어 인간의 죽음이나 동물의 죽음이 차이가 없다고 해. 사람이나 동물이나, 의인이나 악인이나, 죽음은 모두에게 공평하게 찾아오지. 헤벨의 인생을 가장 잘 드러내는 것이 바로 죽음이야.

지혜야, 너는 타인의 죽음도 보게 될 거고 네 인생에서도 헤벨을 경험하게 될 거야. 기쁨을 누리는 날도 있을 거고 좌절하는 날도 있을 거야. 그때마다 죽음을 기억하고 현재를 잡으려무나. 그런데 믿지 않는 사람들도, 불완전하지만 메멘토 모리와 카르페 디엠의 삶을 말한단다. 그래서 그 구호에만 그친다면 여전히 네 삶은 헤벨이라는 탄식으로 채워질 거야.

전도서의 저자는 이 연기와도 같은 인생에서 인생의 의미를 발견할 수 있는 유일한 길을 12장 13절에서 선포하고 있단다. 바로 '하나님을 경외하며 하나님의 말씀을 준수하는 것'이야. 그렇게 안개와 같은 인생의 현재를 살아내라는 거야. 개역개정 성경에서는 이것을 '인생의 본분'이라고 설명하는데 원어의 뜻을 살리는게 더 좋을 것 같아. 전도서의 저자는 히브리어 '콜'이라는 단어를 사용하고 있는데 바로 '전부'라는 뜻이다. 헤벨과 같은 인생에서 하나님을 경외하고 하나님의 말씀을 지키는 것이 바로 인생의 전부라는 거야. 그런데 하나님의 말씀의 핵심은 뭘까? 바로 하나님을 사랑하고 이웃을 사랑하는 거야.

전도서는 그게 바로 인생이라고 말하고 있단다. 그런데 신약에서는 전도서 저자가 말한 인생의 의미가 보다 분명하게 나타난단다. 전도서의 저자는 죽음이라는 인생의 헤벨을 알긴 했지만 이 문제가 어떻게 해결될지는 몰랐단다. 하지만 우리는 예수 그리스도께서 십자가로 그 허무함을 해결하셨다는 사실을 믿고 기억하는 사람들이지. 예수 그리스도의 죽음과 부활을 통해 생의 목적이 다시 해석되는 거란다. 즉 우리의 삶이 자기자신만을 위한 것이 아니라 하나님의 나라를 위한 것임을 깨닫고 살아가게 될 때, 생의 의미는 우리의 삶에서 회복될 거야.

인생의 의미를 찾을 수 있는 길은 하나밖에 없단다. 오직 하나님을 경외하고 그의 명령을 지키는 거야. 하나님을 사랑하고 이웃을 사랑하는 거야. 그런데 우리들은 자꾸만 중간 지대를 택하려고 해. 하나님도 섬기고 우상도 섬기는 길을 택하려고 하는 거지. 그런 길은 없단다. 오직 예수 그리스도의 길을 따라가는 것, 그것이 인생의 행복이라는 것을 기억하렴.

지혜야, 네게 주신 이 현재를 잡으렴. 즐기렴. 하나님을 사랑하고 이웃을 사랑하렴. 그게 바로 인생의 전부란다.

아가

모태 솔로, 아가서를 노래하다

송나미   안녕하세요? 함께 TV의 송나미 아나운서입니다. 매주
        이 시간에는 새로 나온 신앙 서적을 소개해 드리고 있
        는데요. 최근에 화제가 되고 있는 책이 있습니다. 『모
        태 솔로, 아가서를 노래하다』라는 책으로 기독교 출
        판시장을 뜨겁게 달군 분이 계시죠. 김태솔님을 모셨
        습니다. 안녕하세요? 김태솔님.

김태솔   안녕하세요? 모태 솔로, 김태솔입니다.

송나미   어떻게 모태 솔로가 아가서에 대한 책을 쓸 수 있을까,
        서점에서 책 제목을 보고 빵 터졌는데요. 잠깐 자기

소개를 해 주시죠. 그리고 어떻게 아가서에 대한 책을 쓸 생각을 하셨는지도 말이죠.

김태솔   저는 책 제목처럼 모태 솔로입니다. 뭐, 비혼주의자는 아니고요. 저도 아가서에 나오는 연인들처럼 멋있는 여인과 연애도 하고 결혼도 하고 싶은 건강한 남자입니다. 저희 교회에서 매일 성경을 한두 장씩 묵상을 하고 있는데요, 아가서 차례가 되었죠. 그런데 우리 교회 목사님께서 아가서에 대해서는 대충 넘어가시더라고요. 제가 문제를 제기했죠. 좀 상세히 가르쳐 달라고요. 그런데 목사님께서 계속 얼버무리시면서 일단 혼자서 공부를 좀 하라고 하시더라고요. 그래서 혼자서 열심히 아가서를 공부했죠.

송나미   아, 그 교회 목사님이 아가서를 공부할 차례인데 뛰어넘은 모양이죠? 왜 그러셨을까요?

김태솔   예전에 제 친구 중 한 명이 저한테 그런 얘기를 한 적이 있어요. 모태 솔로를 벗어나려면 아가서에 나와 있는 문구로 연애편지를 써보라고요. 그 말이 생각나서 아가서를 읽었죠. 와, 정말 표현이 멋지더라고요. 제가 정말 감탄했던 표현이 뭔지 아세요? 바로 아가서 8장 6절, 7절에 나와요.

"사랑은 죽음같이 강하고 질투는 스올같이 잔인하며 불길같이 일어나니 그 기세가 여호와의 불과 같으리라. 많은 물도 사랑을 끄지 못하겠고 홍수라도 삼키지 못하나니..."

뭐 이런 식으로 표현돼 있어요. 언젠가 제가 모태 솔로를 벗어나면 이런 표현을 아내에게 해야겠다, 이런 생각이 들었어요. 이렇게 멋진 표현이 나오는데 왜 목사님이 설명을 안했을까? 저도 의아했죠.

송나미   아마, 표현이 너무 적나라해서 그런 것 아닐까요? 성과 육체에 대한 표현이 다른 성경과 다르게 좀 직설적으로 나오잖아요.

김태솔   네, 아마 저도 그럴 거라고 생각을 해요. 조금 민망하셨겠죠. 설교하기는 쉽지 않을 거예요. 그런데 저는 아가서의 말씀이 너무 은혜가 되더라고요. 목사님이 안 가르쳐주시면 나라도 책을 써야겠다고 생각했죠. 알게 모르게 우리 교회 속에도 플라토니즘이 자리잡고 있는게 아닌가 하는 생각도 많이 했어요.

송나미   플라토니즘이요? 아, 플라톤주의를 말씀하시는 거죠?

김태솔   네, 기독교는 영혼과 육체 모두 하나님의 선물이라고 생각하죠. 영혼은 깨끗하고 육체는 더럽다는 생각을 하지 않아요. 그런데 고대 그리스의 세계관은 육체를 영혼의 감옥이라고 부를 정도로 육체를 부정적으로 생각했어요. 성경은 절대로 그런 세계관을 지지하지 않죠. 그런데 저는 아가서를 보면서 떠오른 세계가 있었어요.

송나미　네? 어떤 게 떠오르셨나요?

김태솔　에덴동산이요. 하나님께서 사람을 처음 창조했을 때, 아담과 하와는 벌거벗었지만 부끄러워하지 않았죠. 사랑과 성과 결혼은 창조 때부터 하나님께서 우리에게 주신 좋은 선물이에요. 저는 아가서를 보면서 창조시의 에덴동산이 자꾸 그려지더라고요.

송나미　네, 저도 책에서 그 부분을 읽은 기억이 나요. 읽으면서 감탄을 했답니다. 책의 제목은 가벼워보였는데 결코 가벼운 책은 아니더라고요. 그럼 태솔님은 이 성경을 남녀간의 사랑과 성을 노래하는 성경 본문으로 이해하시는 거죠?

김태솔　네, 사실 과거 중세시대에는 아가서를 남녀간의 사랑과 성에 관한 성경으로 이해하지 않았어요. 너무 적나라한 표현들이 많으니까요. 그리고 영혼과 육체를 분리해서 생각하는 이원론이 강했고요. 그러다 보니, 아가서를 일종의 우화라고 생각했어요. 신학적인 용어로 말씀드리면 알레고리적으로 해석한 거죠. 이 건 남녀간의 사랑과 성을 노래하는게 아니라 하나님과 인간의 관계를 그렇게 표현한 거다, 이런 식으로 말이죠.

송나미　그런데 그건 카톨릭뿐만 아니라 개신교도 같지 않나 요?

김태솔　네, 심지어 문자적으로 성경을 해석할 것을 강조한 종교개혁의 시대에도 알레고리적으로 아가서를 해석한 경우가 많았어요. 아무래도 그 당시 문화로서는 이런 19금 표현이 성경 속에 있을 수가 없다고 생각했 겠죠. 하지만 계속 더 깊게, 그리고 더 넓게 성경을 연구하는 신학자들이 많아졌죠. 결국은 남녀간의 사랑과 성과 결혼을 노래하는, 노래 중의 노래라는 결론을 내렸어요. 아가서를 영어로는 어떻게 표현하는지 아세요? 나미님?

송나미　저도 사실 예전에 아가서를 파고든 적이 있었어요. 그래서 알고 있어요. 'Song of Songs' 아닌가요?

김태솔　네, 이런 사랑이야말로 노래 중의 노래인 거죠.

송나미　그럼 태솔님은, 아가서가 교회를 향한 예수님의 사랑을 노래하는 책이라고 보고 있지 않으신 건가요?

김태솔　아, 나미 씨, 그렇지는 않아요. 분명 예수님께서는 구약의 말씀을 가리켜서 예수님 스스로를 증언하는 것이라고 말씀하셨어요. 그러니까 분명 아가서에서도 예수님을 발견할 수 있어요. 그걸 부정해서는 안 된다고 생각해요. 아가서는 분명 남녀 간의 사랑과 성, 그리고 결혼을 노래하고 있지만, 그걸 통해서 예수님이 교회를 얼마나 깊이 사랑하시는지도 보여주고 있어요. 신약성경에서도 예수님을 신랑으로, 교회를 신부로 표현하고 있잖아요. 그리고 그걸 큰 비밀이라고 말하죠. 나미 씨, 놀랍지 않나요? 성경이 아담과 하와라는 부부의 이야기로 시작해서 예수 신랑과 교회 신부의 이야기로 끝나고 있다는 사실이요. 이 사랑이 성경의 시작과 끝을 관통하고 있지요. 정말 Song of Songs 아닌가?

송나미　말을 조금 놓으시는 거 같은데요, 태솔님?

김태솔　아, 죄송해요. 제가 말이 통하는 사람하고는 좀 편하게 얘기하는 편이라서요. 저도 모르게 그만 실례했어요.

송나미　어쨌든 얘기를 좀더 이어가 보죠. 이 책의 구조는 다양하게 해석될 수 있다고 쓰셨는데요, 어떤 의미죠?

김태솔	사실 아가서는 학자들마다 참 다양한 해석들을 내놓고 있어요. 설명이나 논술이 아니라 노래거든요. 보통 학자는 솔로몬과 술람미 여인의 사랑을 노래하고 있는 거라고 해석하는데요, 어떤 학자들은 솔로몬과 술람미 여인, 그리고 이름 모를 목자와의 삼각관계를 노래하고 있는 거라고 얘기하기도 해요. 저는 솔로몬과 술람미 여인의 사랑을 노래하고 있는 거라고 해석하고 있지만, 너무 해석이 다양해서 굳이 자기가 한 해석만 옳다고 고집할 필요는 없을 것 같아요.
송나미	사실 이 두 연인이 언제 결혼하는지도 조금 모호하더라구요.
김태솔	네, 어떤 학자들은 사랑하는 자들이 서로 연모하다가(1:2-3:5) 결혼을 하고(3:6-5:1), 결혼 후에 일시적으로 별거하고 재결합해서(5:2-6:3) 결국 서로 즐거워하면서(6:4-8:4) 사랑을 확증하는(8:5-14) 구조를 띄고 있다고 얘기해요. 전 그 해석도 나쁘지 않다고 봐요. 그런데 저는 개혁주의 스터디 바이블에 나오는 해석을 따르고 싶어요.
송나미	어떤 해석이죠?
김태솔	'기쁨', '실망', '열망'이라는 세 단어로 주제별 분석

을 했더라고요. 서로에 대한 '기쁨'을 거리낌없이 표현해요. 그런데 사랑이라는 게 다소 위험하기도 하잖아요. 위험을 감수하고 사랑을 했는데 그 사랑이 가끔씩 '실망'을 가져오기도 하죠. 하지만 그 실망에도 불구하고 서로를 '열망'하죠. 그리고 결국 그 깊은 사랑이 온갖 실망을 극복하는 거예요. 어때요?

송나미 와, 멋진 해석이네요. 모태 솔로에게서 이렇게 멋진 아가서를 듣게 되다니 감동적이네요. 바울서신을 분석하시면 좋을 듯한 인상이었는데, 이렇게 아가서에 대한 설명을 듣고 있으니까 태솔씨가 모태 솔로인 게 이해가 안 되네요.

김태솔 네?

송나미 자, 오늘은 모태 솔로 김태솔님을 모시고 화제의 신작 『모태 솔로, 아가서를 노래하다』에 대해 얘기나눠 보았습니다. 저도 모태 솔로라서 『모태 솔로, 아가서를 보고 결혼하다』 이런 책 하나 지어보았으면 좋겠네요. 어떻게 생각하세요? 태솔 씨?

김태솔 아, 네...

송나미 그럼 오늘 방송은 이것으로 마치겠습니다. 시청해 주신 모든 모태 솔로 시청자분들에게 감사드립니다. 모

태 솔로인 저도 다음 주에 다시 찾아뵙겠습니다. 안
녕히 계세요.

선지서

이사야

함께TV 성경퀴즈대회

사회자　　안녕하세요? 함께TV에서 주관하는 이사야서 성경퀴
　　　　　즈대회에 참석하신 모든 분들을 환영합니다. '이사야'
　　　　　서에 대한 퀴즈인 만큼 오늘 우승자에게는 이사 비용
　　　　　을 지원해 드립니다. 밤(夜)에 이사를 가도 지원해 드
　　　　　립니다. 시간 관계상, 출연자들에 대한 소개는 생략하
　　　　　고, 바로 퀴즈문제로 들어갑니다.
　　　　　Q1. 이사야의 이름 뜻은 무엇일까요?
송희옥　　'여호와는 구원이시다'입니다. 사실 이사야 선지자

의 이름 뜻에 이사야 전체의 핵심 주제가 나와 있는 것 같습니다.

사회자　네, 송희옥님. 점수 300점 가져갑니다. 자, 다음 문제입니다.

　　　Q2. 이사야는 적어도 두 명의 아들이 있었습니다. 두 아들의 이름과 이름 뜻을 말해 주세요.

이언경　'스알야숩'과 '마헬살랄하스바스'입니다. '스알야숩'은 '남은 자가 돌아오리라'라는 뜻이고요, '마헬살랄하스바스'는 '노략이나 약탈이 속히 일어날 것이다'는 뜻을 가지고 있습니다. 구원의 선포가 어떤 사람에게는 구원의 메시지가 되지만 어떤 사람에게는 심판의 메시지가 되기 때문에, 이사야의 두 아들의 이름 뜻도 중요한 의미가 내포되어 있습니다.

사회자　이언경님에게도 점수 300점 드립니다. 이제 조금 더 어려운 문제를 드리겠습니다. 다음 문제, 나갑니다.

　　　Q3. 이사야서는 크게 세 부분으로 그 구조를 분석해 볼 수 있습니다. 어떻게 이사야서를 구분하고 있을까요?

이은정　이사야서를 두 부분으로 나눈다면 1~39장, 그리고 40~66장으로 나눌 수 있습니다. 신구약성경과 숫자가 똑같습니다. 3x9=27. 그런데 세 부분으로 나눈다면 1~39장, 40~55장, 56~66장으로 나눌 수 있습니다.

사회자 와, 이사야와 같은 성이시네요. 이은정님이 점수 300점 가져갑니다.

Q4. 이사야는 남유다에 대해서 심판과 구원을 동시에 전한 선지자였는데요, 첫 부분인 1~39장에 등장하는 남유다의 왕, 네 명을 말해 보세요.

조영현 웃시야, 요담, 아하스, 히스기야입니다.

사회자 와, 대단하십니다. 300점을 조영현님이 가져갑니다. 잘 아시겠지만, 함께TV 퀴즈대회는 단답형이 아니라 설명과 논술형을 지향하고 있는, 굉장히 고급스런 퀴즈대회입니다. 자, 이제 설명형의 문제가 나갑니다.

Q5. 왜 남유다왕 4명을 첫 부분에서 언급했을까요?

남진호 왕은 하나님의 통치를 대행하는 지상의 메시야라고 할 수 있습니다. 그러니까 왕들은 이 땅에서의 통치를 통해 하나님의 공의와 정의를 실행해야 합니다. 그런데 웃시야와 요담은 여전히 산당을 지어놓고 우상숭배를 합니다. 실패한 왕인 거죠.

아하스라는 왕은 좀더 상세하게 묘사되고 있습니다. 이건 역사를 조금 알아야 하는데요. 아람과 북이스라엘 동맹이 남유다를 침범할 때, 아하스는 하나님을 의지하지 않고 앗시리아를 의지합니다. 결국 앗시리아가 남유다로 침범해서 들어오는 길을 열어준 셈이죠.

그런데 히스기야라는 왕은 조금 달랐습니다. 히스기야는 앗시리아의 산헤립이 침범할 때, 아하스와 달리 하나님을 의지하죠. 결국 하나님께서 기적적으로 남유다를 구원해 줍니다. 그리고 히스기야의 병도 고쳐주시죠. 하지만 히스기야도 궁극적으로는 실패합니다. 히스기야는 바벨론과 동맹을 맺어서 앗시리아를 견제하려고 했죠. 히스기야도 마지막에는 하나님보다 바벨론을 의지하려는 잘못을 저질렀어요. 결국 지상의 메시야는 실패합니다. 지상에서 공의와 정의를 실현할 이상적인 메시야가 여전히 필요한 거죠. 알고 계시겠지만 그 왕이 바로 왕 중의 왕, 예수 그리스도이십니다.

사회자　와, 남진호님. 정말로 상세하게 공부하셨군요. 원래 200점짜리 문제였는데, 설명을 너무 잘 하셔서 300점 드립니다. 남진호님께서 말씀하신 것처럼 이사야서 1~39장은 앗시리아와 관련해서 이스라엘이 어떻게 심판을 받게 된 것인지를 설명하고 있습니다.

Q6. 그런데 40장부터 55장까지는 다른 나라가 등장합니다. 그 나라는 어디일까요?

박준철   바빌로니아입니다. 바벨론이라고 하죠. 남유다는 결국 바벨론의 포로가 되는데 이사야 선지자는 바벨론의 포로에서 해방될 것을 예언하고 있습니다. 그게 바로 55장까지의 주된 내용입니다.

사회자   네, 좋습니다. 박준철님께 300점 드립니다. 1~39장까지는 하나님의 지상대리자로서, 왕이 통치하는 모습을 보여주고 있습니다. 그런데 40~55장까지는 왕이 어떻게 통치해야 하는지를 보여주고 있다고 볼 수 있습니다.

Q7. 한 단어로 왕의 통치방법을 설명해 보세요.

김혜미   '종'입니다. 저는 40~55장에서 예수님의 모습을 보았습니다. 고난 없이 왕이 되라고 속삭이는 것이 바로 마귀의 속삭임이죠. 예수님이 광야에서 마귀에게 그런 시험을 받으셨고요. 그런데 성경은 그 왕이 고난받고 죽는 모습을 그립니다. 유다 민족이 상상했던 메시야의 모습이 아니었겠죠. 왕이신 메시야가 칼과 무력으로 세상을 통치하는 것이 아니라 종으로 와서 고난을 당하고 죽습니다. 그게 바로 메시야의 싸움 방식인 거죠. 종의 방식이요. 조금 더 부연설명을 드릴게요. 1~39장까지는 상대적으로 심판이 강조됩니다. 공의와 정의를 실현하지 못한 이스라엘과 열방의 민족들에 대한 심판이 강조됩니다. 그런데 40장부터는 오히려 구원이 강조되는 구조를 가지고 있습니다.

사회자 김혜미님도 설명을 아주 잘해주셨습니다. 300점 드립니다. 다음 문제는 아마 오늘 퀴즈 중에 가장 어려운 문제가 아닐까 싶네요.

Q8. 후반부에 등장하는, 종이 해야 할 사명은 무엇이었을까요?

박정이 그렇게 어려운 문제는 아닌 것 같아요. 크게 세 가지가 아닐까 싶네요. 우선, 이스라엘을 회복하는 거라고 할 수 있습니다. 이스라엘은 하나님의 말씀에 대하여 눈먼 자, 그리고 귀먼 자가 되어 버렸죠. 종은 자신의 고난을 통해서 이스라엘을 보고 듣게 하는 것이 중요한 사명이었어요. 그리고 이사야서는 정말로 스케일이 큰 책이죠. 단지 이스라엘만 말하고 있는 책이 아닙니다. 종은 열방을 향해 구원의 빛을 선포합니다. 지금의 관점에서는 선교라고 볼 수 있죠. 그런데 그

두 가지 사명을 어떻게 성취할까요? 바로 희생의 제물이 되는 거랍니다. 신약에서 분명해지죠. 십자가의 희생과 고난을 통해서 구원하신다는 사실 말이에요.

사회자 와, 다들 실력이 대단하십니다. 박정이님도 300점 드립니다. 1~39장에서는 왕이 등장합니다. 그리고 40~55장에서는 종이 등장합니다.

Q9. 그렇다면 56~66장에서는 누가 등장할까요?

박종민 종이 아니라 '종들'이 등장합니다. 신약으로 따지면 교회의 탄생을 예표하고 있는 거라고 할 수 있겠죠. 종의 고난으로 새로운 이스라엘이 출현합니다. 그런데 그 이스라엘은 민족의 개념이 아닙니다. 혈통도 아니고요. 이사야서의 앞 부분에 등장하는 내용이기는 한데요, 이스라엘의 원수라고 할 수 있는 이집트와 앗시리아도 하나님께 예배를 드리게 돼요. 심지어 하나님께서 이집트를 '내 백성'이라고 부르세요. 앗시리아를 '내 손으로 지은 백성'이라고 부르시고요. 그런 표현들은 다 언약 백성인 이스라엘에게 쓰는 표현들이거든요. 그러니까 이방인도 이스라엘이 된다는 거죠. 신약에서는 그 공동체, 그 새로운 이스라엘이 바로 교회라는 것이 명확해지죠. 어쨌든 열방에서 정의와 공의를 행하는 것이 종들의 중요한 사명입니다.

사회자   제가 감탄사밖에는 드릴 말씀이 없네요. 박종민에게
도 300점 드립니다.

Q10. 9번 질문과 관련돼 있는 질문이기는 한데요,
이사야서의 두 번째 부분에서 바벨론에서 이스라엘
을 구해줄 인간 메시야로 묘사되고 있는 왕이 있습니
다. 누구일까요?

정유준   '고레스'입니다. 하나님께서 이방인이었던 페르시아
왕인 고레스를 통해서 바벨론의 포로에서 이스라엘을
구해주시죠. 하지만 궁극적으로는 여호와의 종이 이
스라엘과 열방의 메시야가 됩니다. 이미 말씀드렸지
만 바로 그 메시야가 예수 그리스도입니다.

사회자   네, 고레스. 정답입니다. 와우, 틀리는 문제가 없군
요. 정유준님께도 300점 드립니다. 이사야서 1장에
서는 회개하면 용서하겠다는 메시지를 선포합니다.
그런데 66장에서는 영원한 불심판을 묘사하고 있습
니다. 결국 회개하는 자는 구원을 얻을 것이라는 '남
은 자' 사상을 말하고 있다고 할 수 있습니다. 1장과
66장을 한 마디로 요약하면 죄를 회개하면 구원을 받
고, 회개하지 않으면 심판을 받게 된다는 내용이라고

할 수 있습니다.

Q11. 즉 회개가 처음과 뒤에 등장하면서 가운데를 감싸고 있는 문학구조라고 할 수 있는데요, 이러한 문학구조를 무엇이라고 할까요?

이금정 '인클루지오' 구조라고 합니다. 결국 이사야서는 회개와 거룩을 강조하고 있다고 할 수 있어요. 거룩은 구별을 의미합니다. 이방인들의 예배의 목적은 많은 물질을 얻는 거였죠. 예배의 대상이 하나님이 아니라 사실상 자신인 거죠. 삶의 방식도 마찬가지였습니다. 자기 이익을 극대화하는 것이었어요. 하지만 이사야서는 하나님을 예배하고 이웃을 사랑하는 삶의 방식을 말합니다. 예수님의 십자가는 그 절정이라고 할 수 있지요.

사회자 도대체 오늘 성경퀴즈대회를 위해서 얼마를 공부하셨는지 모르겠네요. 이금정님도 300점을 드립니다. 1등이 의미가 없는 퀴즈대회였군요. 모두에게 1등 상품권 드립니다. 1개월 이내에 이사를 가지 않을 경우, 이 상품권은 자동으로 사라집니다. 그럼, 늦은 시간까지 참여해 주신 모든 분들에게 감사드립니다.

저는 사회자 김용미였습니다. 모두들 안녕~

예레미야

예레미야에게 보내는 롤링 페이퍼

천국에서 3박 4일로 구약 선지자들의 단합대회가 열렸다. 단합대회의 마지막 날, 서로에게 롤링 페이퍼를 작성했다. 예레미야가 받은 롤링 페이퍼를 살짝 엿보기로 한다. (*존칭은 생략하고, 마치 친구에게 쓴 것처럼 편집한 글임을 밝힌다)

📧 나훔 선지자의 롤링 페이퍼

예레미야, 안녕.

우리 처음 만났을 때, 기억나니? 네 얼굴을 보고 무슨 말을 해야 할까, 머뭇거렸었지. 마치 네 얼굴에 눈물 자국이 파여 있는 것처럼 느껴졌어. 네가 얼마나 울었을까, 얼마나 아팠을까 생각하니까 무슨 말을 해야 할지 모르겠더라고. 물론 많은 선지자들이 힘들었지. 너보다 앞서 사역한 이사야도 마찬가지고. 그런데 너만큼 아팠을까 싶어. 적어도 히스기야 왕은 이사야의 말을 들었잖아.

나는 사실상 유다의 적이라고 할 수 있는 앗시리아의 멸망을 예언했어. 그래서 적어도 같은 민족에게 욕을 먹지는 않았어. 심지어 편협한 민족주의자 아니냐는 오해를 받기도 했을 정도니까. 그래서 네게 다가가기가 더 힘들었는지도 몰라. 넌 우리 민족의 멸망을 외쳤지. 그것도 감히(?) 예루살렘 성전 앞에서 말이야. 네가 외친 그 예언의 소리가 칼날로 돌아왔겠지. 온갖 저주와 혐오의 말들로 돌아왔겠지. 내가 그 아픔을 과연 짐작이나 할 수 있을까 싶은 마음이 들었어.

네가 선지자로 활동했던 40년의 시기는(B.C. 626~586) 유다의 멸망(B.C.586)을 지켜봐야 하는 격동의 시기였지. 그런데 사람들은 자신들의 죄악이 얼마나 심각한지 알지 못했어. 거짓 선지자들의 잘못이 컸지. 거짓 선지자들은 죄를 지어도 괜찮다고 외쳤어.

예루살렘 성전만 있으면 절대로 망할 리가 없다고 예언했어. 바벨론에 잡혀간 포로들도 금방 돌아올 거라고 위로했지. 백성들은 그 달콤한 말에 열광했어. 자기가 듣고 싶은 말만 골라서 해 주는 거짓 선지자들이 차고 넘쳤어. 그러자 사람들은 성전을 도둑의 소굴로 만들었어. 우상을 섬기고, 자녀를 제물로 바치고, 고아와 빈민을 차별했지. 그래도 거짓 선지자들은 백성들을 책망하지 않았어. 죄를 지어도 아무런 죄책감을 느끼지 않았던 시대였어. 그들의 죄악은 상상 그 이상이었어.

　하나님께서는 이스라엘에게 정의와 공의를 원하셨지. 이스라엘은 다른 민족에게 하나님이 어떤 분인지를 보여줘야 하는 사명을 받았어. 하지만 그들은 도저히 돌이킬 수 없는 죄악 속에 더욱 깊이 빠져들었어. 여호야김 왕이 네게 했던 행동을 생각할 때마다 아직도 심장이 떨리는 것 같아. 하나님의 말씀을 소중하게 생각했던 요시야 왕의 아들이었잖아. 일말의 기대를 했던 것도 사실이야. 하지만 그의 행동은 충격적이었어. 예레미야 너의 글을 읽을 때, 여호야김이 칼을 가져와서 그 말씀의 두루마리를 갈기갈기 찢었어. 그리고 겨울궁전에 있던 화로에 불태워 버렸지. 네 고향은 또 어땠니? 보통은 고향에 가면 마음이 포근해져야 하는데, 네 고향 사람들은 오히려 너를 죽이려고 했지. 하나님의 말씀을 선포한 선지자를 말이야. 모든 사람들이 널 왕따시켰어.

　너는 외로운 선지자였어. 네 40년 사역의 결과는 과연 무엇이었을까? 나라가 망할 테니 결혼도 하지 않고 혼자 지냈지. 아무도 네 주위에 남지 않았어. 오직 네 글을 대신 기록했던 바룩만이 남아 있었지. 왕과 사람들이 하나님의 말씀을 불태우고 무시해도 아무런 죄책감도 느끼지 않는 암울한 시대였어. 너는 그런 시대 속에서 소명을 받은 슬픈 선지자였어. 이미 회칠한 무덤같이 마음이 굳어버린 회중들. 그들이 돌아오지 않는다는 걸 알면서도 눈물을 흘리며 회개하라고 부르짖었던 너를, 그래서 외롭게 애굽에게 생을 마감한 너를, 누가 감히 실패한 선지자라고 말할 수 있을까.

너는 꼭 예수님의 눈물을 닮았어. 예수님도 예루살렘 성전을 보고 눈물 흘리셨잖아. 그런데 나는 너를 눈물의 선지자라고 부르기 싫어. 넌 용감한 선지자야. 넌 인내의 선지자야. 매를 맞고, 구덩이에 빠지고, 감금을 당하는 그 수모를 겪고도 너는 인기에 영합하지 않았어. 다시 일어나 유다가 망할 거라는 하나님의 말씀을 외쳤지. 말씀이 사라진 시기에 말씀을 붙들었던 선지자야. 넌 말이 통하지 않자 온몸으로 예언한 선지자였어. 넌 봄날의 햇살같아. 유다의 마지막 왕, 시드기야를 생각할 때마다 마음이 아파. 시드기야가 네게 와서 하나님의 뜻이 무엇인지 물어볼 때, 그의 마음이 회복된 것으로 오해했어. 하지만 아니더군.

그는 하나님의 뜻을 알고 나서도 그 뜻을 따르지 않더라고. 하나님의 뜻이 자기의 생각과 달랐던 거야. 하나님의 뜻대로 순종하기 위해서 하나님의 뜻을 물어본 게 아니었어. 그냥 자신의 뜻을 확증하고 싶었던 거지. 하나님을 자기 수단으로 삼은 거야. 그의 비참한 최후 앞에서 넌 또 얼마나 아파했을까. 넌 또 얼마나 울었을까... 이번 단합회를 통해서 네 눈에서 모든 눈물이 사라진 모습을 보게 되어서 너무 감사해. 그 잔인한 시기를, 외롭지만 견뎌줘서 고마워.

✉ 하박국 선지자가 보낸 롤링 페이퍼

안녕? 예레미야. 나 박국이야.

사실 난 이해가 되지 않았어. 유다가 엉망이었던 것은 맞아. 불의한 나라였지. 정의가 사라진 나라였어. 하지만 왜 유다를 바벨론을 통해서 심판하시는 것인지 나는 이해가 되지 않았어. 너는 눈물로 시작했지만, 나는 불평으로 시작했어. 그런데 교만한 바벨론도 결국 자신의 죄로 인해 심판을 받을 거라고 말씀하시더라고.

너도 유다만 말한 게 아니잖아. 애굽도 블레셋도, 모압도 암몬도 에돔도, 그리고 바벨론도 결국 하나님보다 자기를 높이는 그 교만 때문에 심판을 받게 된다고 말이야. 그리고 하나님께서는 다시 유다를 구원하실 거라고 말씀하시더라고. 그래서 힘을 낼 수 있었던 것 같아. 그래도 너는 나보다 훨씬 더 힘들었겠지. 어젯밤에도 나훔과 얘기를 했어. 우리는 다 너한테 빚진 거라고 말이야. 네가 그 사명을 감당하지 않았으면 우리가 그 일을 했어야 했는지도 모른다고 말했지. 하지만 네가 부러운 점도 있어. 구약의 선지자들은 다 심판과 함께 회복을 선포했잖아. 그런데 예레미야 네가 선포한 회복의 메시지가 너무 좋더라고. 기억나니? 한번 기억을 살려줄까? 하나님께서 너를 통해서 이렇게 말씀하셨잖아.

"여호와의 말씀이니라 보라 날이 이르리니 내가 이스라엘 집과 유다 집에 새 언약을 맺으리라 이 언약은 내가 그들의 조상들의 손을 잡고 애굽 땅에서 인도하여 내던 날에 맺은 것과 같지 아니할 것은 내가 그들의 남편이 되었어도 그들이 내 언약을 깨뜨렸음이라 여호와의 말씀이니라 그러나 그날 후에 내가 이스라엘 집과 맺을 언약은 이러하니 곧 내가 나의 법을 그들의 속에 두며 그들의 마음에 기록하여 나는 그들의 하나님이 되고 그들은 내 백성이 될 것이라 여호와의 말씀이니라"(예레미야 31:31~33)

신약까지 이어지는 이 멋진 예언의 말씀을 너를 통해 하셨다는 게 난 너무 부러워. 아마도 네 아픔과 상처만큼 더 큰 위로를 주신 게 아닐까 싶어. 돌판에 새겨진 하나님의 말씀을 유다는 지키지 못했어. 그 언약을 지키는 게 이스라엘의 소명인데 말이야. 그런데 이제 아예 우리의 마음판에 그 율법을 새겨서 그 언약을 지키게 하신다고 말씀하신 거야. 언약은 우리가 깨뜨렸는데 하나님은 우리와 체결한 언약을 포기하지 않고 새로운 언약을 주신 거지. 나도 같은 선지자인데, 네 말을 듣는 순간 완전 소름 돋았잖아.

그리고 신약에서 그 예언이 성취되는 걸 보고 더 놀랐어. 아, 예수님의 십자가와 부활로 이 예언이 성취되었구나. 이제 교회가 새로운 이스라엘이 되었구나. 그리고 이제 성령 하나님께서 우리 속에 내주하셔서 말씀을 지킬 힘과 용기를 주시는구나. 예레미야에게 했던 예언의 말씀이 바로 그런 뜻이었구나. 어마무시한 심판 속에 이렇게 어마무시한 새 언약의 말씀이 들어가 있다니! 아마도 그래서 네가 견딜 수 있었던 게 아닐까, 그런 생각도 들었어. 그 새 언약이 이루어질 것을 믿고 인내했겠지. 이제 우리가 그 말씀의 뜻을 알고 만나게 되다니 너무 감개무량하다.

나중에 동기 선지자들끼리 한번 보자고. 오케이? 그 암울했던 시기에 너와 동시에 활동했다는게 얼마나 자랑스러운지 넌 모를 거야. 이런 멋진 친구를 주신 하나님께 감사드린다. 이제 외롭지 않았으면 좋겠어. 내일 나훔하고 함께 놀러갈게.

예레미야애가

통곡의 벽 앞에서

통곡의 벽.

로마의 티투스에 의해 무너진 예루살렘 성전에 남겨진 유일한 예루살렘성전의 흔적. 이스라엘의 여행 프로그램에서 흔히 볼 수 있는 유대인들의 풍경이 눈앞에 펼쳐졌다. 검은색 둥근 털모자인 스트라이멜(유대인들의 전통적인 모자)과 카프탄(유대인들의 전통적인 검은색 옷)을 입고 있는 유대인들을 지척의 거리에서 볼 수 있었다. 댕기머리같이 옆머리를 옆으로 길게 늘어뜨리고 있었고, 턱수염은 강렬한 아우라를 풍기며 자리하고 있었다.

무언가를 낭독하고 있었다. 가이드에게 물어 보았다.

"도대체 저 사람들, 뭘 낭독하고 있는 건가요?"

"예레미야애가를 낭독하고 있어요. 통곡의 벽을 찾는 많은 유대인들이 예레미야애가를 낭독하죠. 원래 유대인들이 예루살렘 멸망일에 낭독하는 성경인데요, 마침 오늘이 그날이에요."

아, 오늘이 예루살렘 멸망일이구나. 유대력으로 아브월 9일. 유대인들이 바로 그날에 예레미야애가를 낭독한다는 얘기를 김 교수한테 들었던 기억이 난다. 예레미야애가. 예레미야애가를 예레미야가 썼는지, 신원 미상의 인물이 썼는지는 여전히 학계의 연구 대상이다. 하지만 누가 이 성경책의 저자인지가 그리 중요한 문제일까 싶다.

예레미야애가를 읽었던 그날의 기억이 생생하다. 예레미야애가서의 첫장을 넘기는 순간, 숨이 턱 막히는 기분이 들었다. 멸망한 예루살렘의 참상이 눈앞에 펼쳐진 것처럼 생생했다. 먹을 것이 없어서 어머니의 품에서 죽어간 어린 자녀들, 포위된 예루살렘 성에서 자녀들을 삶아먹으며 생명을 유지했던 성안의 백성들, 장례도 치르지 못한 채 거리에 넘쳐나는 시체들... 화려한 옷을 입은 자들이 거름더미에 앉아 있고, 산호같이 탄력있는 피부는 검게 타서 알아보는 사람이 없다. 적들은 처녀들을 욕보이고, 청년들을 노예처럼 부려먹는다. 그 참혹한 현장을 간접적으로 읽고 있는 나의 마음도 숨이 막힐 듯한데, 그 멸망을 생생하게 경험한 자의 마음은 어땠을까. 그 터져나오는 탄식의 울음을 어떻게 저자는 이렇게 정리할 수 있었을까?

예레미야애가는 소위 알파벳시로 이루어져 있다. 히브리어 알파벳 22개로 각 연을 시작한다. 1, 2, 4장은 정확하게 22절의 모양을 띄고 있고, 3장은 알파벳 22개를 세 번이나 사용해서 66장을 이루고 있었다. 5장은 순서조차 뒤죽박죽이 되어 있었다.

왜 시인은 모든 히브리어 문자를 사용해서 자신의 탄식을 토해냈을까? 왜 마지막 5장은 알파벳의 순서를 어그러뜨리면서 탄식했을까? 완전한 고통이란 뜻이었을까? 질서를 따를 수 없을 정도의 비참함이라는 뜻이었을까? 어쨌든 A에서 Z까지 빈틈없이 이어지는 고통의 애가가 예레미야애가를 채우고 있다. 때로는 시인 자신의 목소리로, 때로는 처녀 딸 시온의 목소리로, 때로는 고난의 남자의 목소리로 예루살렘의 멸망을 탄식한다. 고통, 분노, 고난, 실망, 분노, 죄책이 예레미야애가의 가사이다.

예레미야애가는 시이면서 신학 논문 같기도 했다. 감정 속에 논리가 담겨 있었다. 화풀이로 하는 탄식이 아니었다. 절제된 탄식이었다. 이스라엘의 죄 때문에, 하나님 언약을 파기한 바로 그 죄 때문에 이스라엘이 멸망했다는 것을 시인은 알고 있었다. 과연 저 통곡의 벽 앞에서 애가를 읊조리는 저들은 어떤 마음일까?

나도 통곡의 벽 앞에서 조용히 묵상해 본다.

탄식은 소망의 변주곡이 아닐까? 탄식이 없었다면 그리스도인의 삶이 출발점에 설 수 있을까? 자기 힘으로 구원받을 수 있다는 교만은 결단코 탄식을 만들어낼 수 없다. 자기 힘으로 어찌할 수 없다는 것을 알기에 시인은 탄식하며 노래한다. 고통 중에 소망하며, 슬픔 중에 기뻐한다. 감정의 모순과 역설이 탄식을 채운다. 그래. 포기하지 않는 자만이 탄식할 수 있다. 자기를 의지하지 않는 자만이 하나님께 탄식할 수 있다. 탄식할 수 있는 자는 오히려 복된 자다.

다시 예레미야애가를 묵상해 본다. 시인의 탄식은 공중에 흩어지는 불평이 아니다. 마지막까지 시인의 탄식은 하나님을 향한다. 하나님을 알기에 하나님께 탄식한다. 그의 탄식은 그의 소망이다. 예레미야애가의 가운데에 우뚝 솟아있는 산처럼 자리잡고 있는 3장. 이 구절이 그런 끔찍한 고통 중에 나온 성경 구절인지 미처 몰랐다.

"여호와의 자비와 긍휼이 무궁하시므로 우리가 진멸되지
아니함이니이다 이것이 아침마다 새로우니 주의 성실이
크도소이다"(예레미야애가 3:22~23)

"아! 주님"이라는 말이 갑자기 튀어나왔다. 예레미야애가에서 예수 그리스도를 발견하게 될 줄은 몰랐다. 그 고통의 현장에서 주님의 십자가를 떠올리게 될 줄은 몰랐다. 십자가의 인자(仁慈)가 아니었다면 어떻게 되었을까. 탄식은 절망과 파멸로 끝나버렸겠지. 결국 예레미야애가도 주님의 죽으심과 부활로 이끌어 가고 있구나.

저 통곡의 벽 앞에서 애가를 낭독하는 저들이 예수 그리스도의 사랑을 알게 되기를. 여전히 저들은 저 낭독이라는 의식으로 자기들의 의를 과시하고 있는지도 모른다. 민족적인 감정으로 낭독하는 저들의 목소리가 모든 민족을 바라보는 사랑의 목소리로 바뀌기를...

'오, 주님의 사랑이 아니고서는 저는 구원받을 수 없는 죄인입니다. 주의 십자가로 저를 구원하셨사오니, 주의 성실하심이 크도소이다.' 함께 이런 기도를 드릴 수 있는 날이 속히 오기를 기도한다. 아멘.

유대력으로 아브월 9일
통곡의 벽 앞에서

에스겔

역사저널 〈그날〉

사회자   시청자 여러분, 안녕하십니까? 구약성경 속 역사와 그
         역사 속 인물을 찾아가는 프로그램, '역사저널, 그날'
         입니다. 오늘은 에스겔에 대해서 함께 말씀나누도록
         하겠습니다. 먼저 김목사님께 여쭤보겠습니다. 에스
         겔, 도대체 어떤 선지자입니까?

김목사   처음부터 매우 넓은 질문을 던지셨군요. 한번 간단하
         게 설명해 보도록 하겠습니다. 에스겔을 이해하려면
         에스겔이 활동하던 당시 시대 상황을 먼저 이해해야
         합니다. 북이스라엘이 앗시리아에게 멸망한 사실은

알고 계실 겁니다. 그런데 그 이후에 바벨론이라는 나라가 근동 지역의 강대국으로 등장하게 됩니다. 새로운 제국의 등장이라고 할 수 있죠. 바벨론이 최강대국이 된 결정적인 계기는 갈그미스 전투라고 할 수 있습니다. B.C. 605년에 바벨론이 앗시리아와 이집트의 연합군을 갈그미스에서 격파합니다. 그리고 그때 바벨론으로 돌아가면서 여러 유대인들을 포로로 잡아가죠. 그때 잡혀간 대표적인 인물들이 바로 여러분이 잘 알고 계시는 다니엘과 세 친구입니다. 그런데요, 이것으로 끝이 아닙니다. 바벨론은 이후에도 두 번이나 유다를 침공하는데요, 바로 두 번째 침공이B.C. 597년에 있었습니다. 유대의 왕이 된 여호야김이 바벨론을 배신했거든요. 그래서 그 당시 바벨론 왕이었던 느브갓네살이 유다를 침공한 거죠. 그때 포로로 잡혀간 왕이 여호야긴인데요, 포로로 잡혀간 또 다른 인물이 바로 제사장 가문 출신이었던 에스겔이었습니다. 유다는 B.C. 586년에 멸망했으니 에스겔은 자기 나라의 멸망을 직접 눈으로 보지는 못했어요. 바벨론에 있었으니까요. 자기 나라의 멸망을 직접 눈으로 본 선지자는 바로 예레미야였죠. 어쨌든 예레미야나 에스겔 모두 유다의 멸망을 직접, 혹은 간접적으로 경험한 선지자라고 할 수 있겠네요.

사회자   말씀을 듣고 보니, 정말로 파란만장한 삶을 살았을 거라고 생각이 됩니다. 에스겔이 제사장 가문 출신이라고 하셨잖아요. 그런데 B.C. 597년에 포로로 잡혀가고 B.C. 586년에 예루살렘 성전이 무너졌으니까 제사장의 역할을 하지는 못했겠군요.

김목사   네, 그렇죠. 보통 제사장은 30세에 성전에서 제사장 사역을 시작하거든요. 그런데 에스겔이 포로로 잡혀 갔을 때 나이가 26세였어요. 그때부터 5년째가 되는 시점에 선지자로서의 사역을 시작하죠. 에스겔은 제사장 사역을 해야 할 시기에 바벨론에서 선지자로서 사역을 한 거죠.

사회자   그럼 제사장 가문 출신의 선지자라고 할 수 있겠군요. 뭔가 그런 배경이 에스겔서에도 영향을 미쳤을까요? 이교수님?

이교수   네, 그렇다고 볼 수 있죠. 제사장이 사역하는 곳이 어디입니까? 바로 성전이죠. 에스겔서에서 가장 중요하게 언급되는 것이 바로 성전이에요. 그 당시에 성전은 하나님의 영광이 충만한 곳으로 인식되었어요. 그런데 에스겔서 8~10장을 읽어보면 예루살렘의 죄가 너무 커서 여호와의 영광이 성전을 떠나는 것을 알 수 있어요. 그리고 40~48장에는 여호와의 영광이 다시 회복된 성전으로 돌아오는 것으로 마무리가 되고 있어요. 그런데 놀라운 사실이 뭔지 아세요?

사회자 뭔가요?

이교수 그 성전의 모양이 유대인들이 알고 있던 것과 조금 다르게 표현돼 있어요. 그런데 에스겔에서 묘사된 성전이 성경 어딘가에 다시 등장해요. 어디일까요? 바로 요한계시록이에요. 요한계시록 21장과 22장에서는 종말에 이루어질 새 예루살렘에 대해 묘사를 하고 있는데요, 바로 그 새 예루살렘 성전에 대한 묘사가 에스겔이 환상 중에 본 예루살렘 성전과 데칼코마니같아요. 아주 비슷하죠. 그러니까 에스겔은 마지막 날에 이루어질 일들도 예언하고 있는 거랍니다. 엄청 스케일이 큰 성경이라고 할 수 있어요.

사회자 아, 에스겔의 예언 사역이 요한계시록까지 이어지고 있는 거군요. 에스겔이 그 사실을 알았을까요?

이교수 구약 선지자들의 예언을 '예언적 원근 통시법'이라는 말로 설명해요. 가까운 날에 일어날 일들과 먼 미래에 일어날 날들을 동시에 예언한 겁니다. 구약의 선지자들에게는 가까운 곳과 먼 곳이 함께 보인 거예요. 하지만 그들은 정확한 시기는 알지 못했어요. 단지 하나님께서 말씀하라고 하신 것을 예언한 거죠.

박집사   그런 생각이 드는군요. 에스겔서를 잘 읽으면 우리가 성전에 대한 오해를 깨뜨릴 수 있겠다는 생각 말이죠. 우리는 자꾸만 장소의 개념으로 성전을 생각하잖아요. 하지만 하나님의 영광이 가득한 곳이 바로 성전이고, 바로 그 성전이 예수 그리스도라는 사실을 자꾸만 놓치는 것 같아요. 그리고 신약시대에는 예수 그리스도를 구주로 믿고 있는 우리 모두가 성전이라는 사실도요. 그런데 이교수님 말씀을 듣고 보니, 에스겔서와 요한계시록은 예수님이 재림하실 때 하나님의 영광이 가득한 세상을 새 예루살렘으로 묘사하고 있다는 사실도 알게 되었습니다.

사회자   박집사님 말씀을 듣는 도중에 에스겔서의 마지막 구절이 떠올랐어요. 에스겔서는 '여호와삼마'로 끝나요. '여호와께서 거기 계시다'라는 뜻이죠. 여호와께서 계시는 성전, 그 성전의 참뜻이 무엇인지 묵상할 수 있는 성경이 바로 에스겔서가 아닐까 싶네요.

김목사   그런데 그 당시 거짓 선지자들은 하나님의 영광을 오
해했죠. 성전을 장소로 생각했어요. 죄가 있는 곳에
하나님의 영광이 함께 하지 않는다는 사실은 얘기하
지 않았죠. 에스겔이 포로로 잡혀갈 때만 하더라도 예
루살렘 성전이 무너지지 않았어요. 그래서 거짓 선지
자들은 예루살렘 성전이 있으니까 곧 포로에서 돌아
갈 거라고 말했어요. 하지만 죄가 가득한 곳은 이미
성전이라고 할 수 없죠. 하나님의 영광과 죄가 함께
머물 수는 없으니까요. 그래서 에스겔은 죄에 대한 심
판을 선포해요. 그래서 1장부터 24장까지는 유다와
예루살렘에 대한 심판이, 25장부터 32장까지는 유다
의 멸망을 즐거워한 주변나라들에 대한 심판이 예언
되어 있어요.

사회자   그렇다면 33장부터는 뭐가 달라지나요?

김목사   결국 예루살렘의 멸망 소식이 바벨론으로 전해지죠.
에스겔의 예언이 성취된 겁니다. 그런데 그 이후 에스
겔의 예언이 심판에서 회복으로 전환돼요. 결국 하나
님의 목적은 심판이 아니라 회복이라고 할 수 있어요.
회복을 위한 필수적인 단계가 죄의 심판이었던 거죠.

사회자   그 정도로 타락했던 이스라엘이 회복할 수 있다는 게

믿어지지 않는 걸요.

이교수　네, 사실 불가능한 일 아닐까요? 에스겔서는 강력한 환상들이 가득차 있는 성경인데요. 그 중에 가장 강력한 이미지 중의 하나가 마른 뼈 환상이에요. 마른 뼈가 다시 살아나요. 그리고 이미 멸망한 북이스라엘과 남유다가 다시 하나가 될 것이라는 것을 예언해요. 한 왕을 통해서 말이죠.

사회자　네? 다시 회복할 그 왕이 누구죠?

이교수　다윗이에요. 에스겔서 38장 24절에 나와요. 다윗을 왕이라고 하면서 목자라는 표현을 사용하죠.

사회자　아, 예수 그리스도시네요. 그래서 마태복음의 족보에서는 예수님이 다윗의 자손이라는 것을 강조하고 있군요. 그리고 예수님이 선한 목자라는 것도 강조하잖아요. 에스겔에서도 예수 그리스도를 발견할 수 있네요.

박집사　너무 길고 환상도 많아서 어렵게만 느껴졌는데, 보면 볼수록 매력적인 성경이군요. 오늘부터 다시 조금씩 묵상을 해야겠다는 생각이 드네요.

김목사　네, 맞습니다. 에스겔서에는 상징적인 행위들도 많이 나와요. 박집사님이 말씀하신 것처럼 강렬한 환상들도 등장하고요. 하지만 성경 주석이나 목회자들의 설명을 들으면서 에스겔서를 보시면 큰 은혜가 있을 겁니다. 여호와의 영광이 가득한 책이랍니다.

사회자 에스겔서에 대해서 좀더 얘기를 나눴으면 좋겠는데요, 아쉽지만 벌써 약속한 시간이 다 되었습니다. 에스겔서를 통해서 구약의 역사를 이해할 뿐만 아니라 예수 그리스도의 영광과 교회의 영광, 그리고 마지막 때 새 예루살렘의 영광까지 볼 수 있게 되기를 바랍니다. 오늘 '역사저널, 그날'에서는 에스겔서를 살펴보았습니다. 시청해 주셔서 감사합니다.

다니엘

세 왕과 다니엘의 일기

1. 느부갓네살 왕(신 바벨론 제국의 2대왕)의 일기

　B.C. 605년 갈그미스 전투에서 이집트를 격퇴했다. 추풍낙엽처럼 적들은 쓰러졌다. 앗시리아는 무너졌다. 이집트도 그저 이름만 화려한 종이호랑이에 불과했다. 거칠 것이 없었다. 여호와라는 신이 다스린다는 예루살렘도 예외가 아니었다. 그 나라의 왕을 포로로 잡았다.

　나는 온 세계의 왕이었다. 다니엘은 포로로 잡혀온 유대인 중의 한 명에 불과했다. 하지만 다니엘이 내 꿈을 해석했을 때 돌이켜야만 했다. 내 꿈 속에 나타난 큰 신상은 마치 현실처럼 생생했다. 머리는 순금이요, 가슴과 두 팔은 은이요, 배와 넓적다리는 놋이요, 그 종아리는 쇠요, 그 발은 쇠와 진흙이었다. 그런데 사람이 손 대지 아니한 돌이 나타나 그 신상을 부서뜨렸다. 신상은 무너졌고 그 신상을 무너뜨린 그 돌이 태산을 이루었다. 다니엘은 마치 내 꿈 속에 함께 있었던 것처럼 그 꿈을 묘사했다. 그 신상은 여러 세상의 나라들(*바벨론, 메대-바사, 헬라, 로마 제국을 의미한다)을 나타내는 것이라 했다. 그리고 그 모든 인간의 나라를 무너뜨리고 하나님께서 한 나라를 세우시는 것이라 했다.

다니엘의 해석을 듣고서도 나는 왜 돌이키지 못했을까? 오히려 나는 금으로 나의 신상을 세웠다. 나는 하늘 위에 아무도 없는 것처럼 나를 숭배했다. 내 꿈을 해석한 다니엘의 세 친구라 해도 어쩔 수 없었다. 나는 분노에 휩싸여서 나의 신상에 절하지 않은 그들을 풀무불에 집어 던졌다. 하나님이 그들을 구해주시리라는 것을 전혀 생각하지 못했다. 다니엘의 세 친구가 풀무불 속에서도 타지 않았을 때 나는 돌이켜야만 했다. 하나님이 그 일을 하셨다는 걸 알면서도 나는 왜 돌이키지 못했을까? 하나님이 그들을 지키신다는 걸 보았으면서도 나는 왜 돌이키지 못했을까?

온 우주의 왕이 하나님이라는 걸 들었지만, 그리고 인간은 하나님의 형상대로 이 땅을 다스려야 하는 피조물이라는 것을 들었지만, 나는 그 사실을 인정하지 않았다. 그러자 결국 하나님은 나를 짐승처럼 만들어 버리셨다. 아, 교만한 자를 낮추시는 하나님. 세상 나라는 잠깐이요, 하나님의 나라가 영원하다는 걸 왜 그때 깨닫지 못했을까.

2. 벨사살 왕(신 바벨론 제국의 마지막 왕)의 일기

선왕이었던 느부갓네살로부터 나는 교훈을 받지 못했다. 위대한 왕 느브갓네살이 짐승처럼 땅의 이슬을 먹었다는 소문을 들었지만 나는 개의치 않았다. 여호와 하나님이 온 우주의 하나님이요, 온 우주의 왕이라는 사실을 인정하지 않았다. 여전히 나는 최강대국 바벨론의 왕이었다. 메데와 바사의 연합군이 바벨론의 궁전을 포위하고 공격했다. 하지만 난 술잔을 들고 잔치를 베풀었다. 어떤 것도 두렵지 않았다. 나는 왕이었다. 예루살렘 성전에서 사용한 그릇들은 나의 술잔이 되었다. 금과 은과 구리와 쇠와 돌로 만든 바벨론의 신들을 향해 노래를 불렀다. 여호와라는 신은, 그저 무너진 예루살렘의 민족신에 불과했다. 나는 사실상 여호와라는 신을 조롱하고 있었다.

그때, 갑자기 내 눈 앞에 사람의 손가락들이 나타났다. 무언가를 쓰고 있었다.무슨 글자인지 도대체 읽을 수가 없었다. 두려웠다. 아버지의 꿈을 해석했던 바로 그 유대인, 다니엘을 불렀다. 다니엘은 차근차근 그 글자가 무슨 뜻인지 말해주었다. '메네 메네 데겔 우바르신' 아람어였다. 왕을 저울에 달아보니 부족함이 보였다는 뜻이라고 했다. 다니엘은 거침이 없었다. 나는 두려웠지만 다니엘은 두려움이 없어 보였다. 내 앞에서 "왕의 시대가 끝났다는 뜻입니다."라고 말했다. 이후에 새로운 제국이 시작될 거라는 말도 덧붙였다.

다니엘의 해석을 듣고 난 그 능력에 감탄했다. 하지만 돌이키지는 않으련다. 여전히 내가 왕이다. 여호와 하나님이 이 모든 세상의 주관자라는 사실을 나는 인정하기 싫다. 적이 이 궁전의 계단을 올라오는 소리가 들려온다. 죽음이 목전에 다가온 듯 하다. 하지만 죽음 앞에서도 난 "내가 왕이로소이다" 외치고 있다. 아, 가련한 인생이여.

3. 다리오 왕(벨사살이 죽은 뒤 왕위에 오른 인물)의 일기

동이 트기도 전에 길을 나섰다. 다니엘의 세 친구에 대한 이야기를 들은 적이 있었지만, 다니엘이 살아있으리라고는 기대하지 않았다. 길을 가는 동안 스스로를 원망했다.

다니엘의 신심이 그렇게 깊은지 알았더라면 그런 조서를 내리지는 않았을 게다. 삼십 일 동안 왕 이외의 다른 신들에게 기도하지 말라는 명령이 그렇게 지키기 어려운 것이었을까? 여호와가 도대체 어떤 신이기에 그는 목숨을 걸고 기도했던 것일까?

도대체 그의 신인 여호와가 그에게 무엇을 해 주었단 말인가. 기껏해야 멸망한 민족의 신에 불과하지 않은가. 그는 여호와에게 기도했지만 왕국의 일에도 소홀하지 않았다. 그는 충성스러운 신하였다. 성실하고 지혜로웠다. 어떤 관리보다도 지혜로웠던 한 총독을 내가 사자밥으로 던진 것이다. 여호와 앞에 기도했다는 죄목으로 사자굴에 던져진 다니엘, 그의 시신이라도 제대로 수습해주고 싶었다. 혹시나 하는 마음에 사자굴 앞에서 다니엘을 불렀다.

"다니엘아. 네 하나님이 너를 구원하셨느냐?"

다니엘의 목소리가 들렸다.

"왕이시여, 나의 하나님이 이미 사자들의 입을 봉하셨습니다. 나는 무죄합니다."

놀랍고, 두렵고, 기뻤다. 다니엘이 섬기는 분은 하나님이었다. 그는 살아계신 하나님이었다. 그의 나라는 영원하며 그의 권세는 무궁할 것이다. 이스라엘의 민족신에 불과한 줄 알았던 여호와. 그는 바벨론도 다스리고 있었다. 그는 온 우주의 하나님이었다. 다니엘이 바로 그 증거였다.

4. 다니엘의 일기

하나님께서 말씀하지 않았다면 나는 무너졌을지도 모른다. 느부갓네살 왕이 꾸었던 꿈을 통해서 나는 소망을 품게 되었다. 한 신상이 무너지는 꿈을 통하여 세상의 나라가 영원하지 않다는 것을 알게 하셨다. 하나님은 내게도 유사한 환상을 통해서 말씀하셨다. 무시무시한 큰 짐승 넷이 보였다. 오만한 세상의 왕국들이었다. 교만한 세상의 왕들이었다. 하나님보다 자신을 높이는 교만한 자들이었다. 하지만 그 짐승도 망했다. 영원한 권세는 없었다. 그리고 옛적부터 항상 계신 이가 인자 같은 이에게 권세와 영광과 나라를 주었다. (*느부갓네살 왕의 꿈에 등장한 돌과 다니엘의 꿈에서 등장한 인자(人子)는 모두 예수님을 나타낸다)

그 후에도 나는 많은 환상들을 보았다. 너무나 강렬한 상징들로 채워져 있었다. 이후의 사람들은 이 책을 예언이라는 장르보다는 묵시라는 장르로 분류할 것이다. 예언은 주로 가까운 미래에 초점을 맞춘다. 그리고 멸망하지 않으려면 회개해야 한다는 촉구로 가득 채워져 있다. 하지만 묵시는 가까운 미래를 뛰어넘어 먼 미래의 일들까지도 보여주고 있다. 종말에 일어날 일들을 여러 가지 상징들을 통해 보여주고 있다. 이 환상은 메시야가 오신 이후에 그 뜻이 더욱 분명하게 드러날 것이다.

이 책을 읽는 독자들이 몇 가지를 주의해서 읽었으면 좋겠다.

우선, 이 글은 사람들을 두렵게 하려는 것이 아니라는 점을 알았으면 좋겠다. 강렬한 상징들 때문에 사람들은 두려워할지도 모른다. 하지만 묵시는 위로의 책이다. 아직 망하지 않은 자들에게 필요한 것은 회개이다. 하지만 이미 망한 자들에게 필요한 것은 위로이다. 세상의 나라는 일시적이지만 하나님의 나라는 영원하다는 것을 이런 상징들을 통해서 드러낸 것이다. 두려워하지 말고 인내하기를 원한다.

둘째, 묵시의 글들을 가지고 종말의 시간표를 만들지 않기를 바란다. 그런 어리석음을 범하지 말았으면 좋겠다. 말세의 달력으로 이 계시의 글들을 난도질하지 않기를 바란다. 앞으로도 많은 이단들이 이 글을 가지고 말세의 달력을 만들기 위해 시도할 것이다. 하지만 그건 부질없는 노력이다. 그날과 그때는 하나님의 손에 맡겨져 있다. 우리가 해야 할 일은 지금 이 자리에서 하나님의 약속을 믿고 살아가는 것이다. 포기하지 않는 것이다. 하나님께서는 온 우주를 다스리시는 하나님이시다. 나는 바벨론과 페르시아 제국의 관리로서 여러 왕들을 섬겼다. 하지만 그 왕들과 그 왕국은 잠깐이다. 때로는 악이 득세하는 것처럼 보인다. 인간이 세운 왕국이 영원할 것처럼 보인다. 그러나 모든 세상은 하나님의 통치 아래 있다. 하나님께서 온 우주를 다스린다는 것을 믿기를, 구름을 타고 오실 인자 같은 이를 통해 하나님의 나라가 임한다는 것을 믿기를, 하루하루 인내하며 최선을 다해 살아가기를.

셋째, 이 책으로 출세하겠다는 생각을 버리기 바란다. 나는 바벨론과 페르시아의 고위 공무원으로 살았다. 아마도 사람들은 그 점에 주목할지 모른다. 다니엘처럼 살면 출세한다고 떠들지도 모른다. 다니엘처럼 공부하면 좋은 학교에 갈 수 있다고 왜곡할지도 모른다. 이 책의 참 뜻을 왜곡하지 말았으면 좋겠다. 이 책은 바벨론과 페르시아와 같은 세상에서 출세하는 방법을 알려주는 책이 아니다. 오직 하나님께서 이 땅을 다스리심을 선포하는 책이다. 바벨론이나 페르시아와 같은 세상에서 살아가는 성도들을 위로하는 책이다. 메시아(예수 그리스도)가 그 나라를 세우시고 영원히 다스리실 것이다.

그러므로 메시아가 오신 이후, 이 책의 뜻이 더욱 분명하게 나타날 것이다. 예루살렘에서 바벨론으로 끌려올 때의 내 모습이 떠오른다. 이게 뭐냐고 원망하던 그때, 이제 아무런 소망이 없다고 좌절하던 그때 하나님은 말씀하셨다. 이 땅에서도 내가 너와 함께 한다고. 이 땅에서 네게 맡겨진 사명을 다하라고.

세상 끝날까지, 종말의 때까지 함께 하실 주님 앞에 영광을 돌린다.

소설 <고멜>

B.C. 722년.

군데군데 피어오르는 양떼구름의 사이사이에 노을의 붉은 빛이 스며들었다. 구름의 테두리마다 붉은색의 그라데이션 효과를 집어놓은 듯했다. 그 수채화 같은 하늘 아래에서 요란한 말발굽 소리가 들렸다. 깊숙하게 패인 주름살과 흐릿한 눈망울을 가진 한 노년의 여인이 그 소리를 듣고 멈칫했다. 잔인한 앗시리아의 군대가 북이스라엘의 사마리아를 에워싸는 소리였다. 순간, 목가적인 노을 빛이 마치 사람의 핏빛처럼 느껴졌다.

1.4kg밖에 되지 않는 이 작은 뇌가 이렇게 빨리 생각의 이미

지를 바꿀 수 있다는 사실이 당황스러웠다. 하지만 고멜은 이미 알고 있었다는 듯 담담하게, 하지만 너무 빠르다는 듯 큰 한숨을 내쉬며 중얼거렸다.

"그날이 벌써 온 것 같네요. 북이스라엘의 멸망의 날이."

하늘을 바라보자, 양떼구름 하나하나가 스크린이 되었다. 마치 기억의 구름 같았다. 고멜의 인생이 파노라마처럼 흘러가고 있었다.

"제가 저 여성을 데려가겠습니다. 값은 치르겠습니다."

노예 시장의 한 가운데 서 있던 포주는 뜻밖이라는 듯 호세아를 바라보았다. 과거의 화려한 고멜이 아니었다. 포주는 이미 고멜의 단물을 다 빼먹었다. 과연 이 무력한 여성 노예를 데려갈 사람이 누가 있을까 생각했다.

포주가 당황하던 그 순간, 초점을 잃은 고멜의 눈동자가 호세아의 눈물과 마주쳤다. 고멜은 다리에 힘이 풀린 듯 자리에 주저앉았다. 말라버렸던 눈물이 눈동자의 구석구석에서 폭포수처럼 튀어올랐다. '호세아의 입술에서 어떤 저주의 말이 흘러나올까?' 고멜은 생각했다. 하지만 호세아는 아무 말도 하지 않았다. 그저 펑펑 울고 있는 고멜의 등을 토닥거렸다. 그리고 조용하게 안아 주었다. 포주에게 은 열다섯 개와 보리 한 호멜 반을 건네

주고 호세아는 고멜의 손을 잡았다. 따뜻했다. 그 손 위로 고멜의 눈물과 호세아의 눈물이 강물처럼 흘렀다. 집으로 가면서 호세아는 말했다.

"당신이 날 떠난 이후에도 난 당신을 포기하지 않았소. 당신과 결혼한 이후 내 마음은 늘 한결같았소. 이제 우리 아이들과 새롭게 시작합시다. 사랑하오."

'사랑하오'라는 말의 무게가 이렇게 무거운 줄 미처 몰랐다. 그 무게 앞에 고개 숙인 고멜의 눈에서 눈물이 멈추지 않았다. 강물이 되고, 바다가 되었다. 그 바다 속에 고멜의 과거가 흘러가고 있었다.

고멜은 돈과 사랑에 목말라 있었다. 그 사랑이 거짓이라는 걸 알면서도, 그 돈이 더 큰 속박으로 돌아올 걸 알면서도, 계속 거짓된 사랑을 갈구했다. 호세아와 결혼하고 아들 이스르엘을 낳았을 때 돌이켜야 했다. 호세아보다 더 큰 사랑은 없었다.

하지만 호세아의 사랑보다 더 큰 사랑이 있는 것 같았다. 호세아가 주는 돈으로는 만족할 수 없었다. 가출을 하고 낳은 두 딸은 호세아의 아이가 아니었다. 호세아의 아이가 아니라는 뜻으로 접두어 '로-'를 붙여서 이름을 지었다. '로루하마(긍휼히 여김을 받지 못하는 자)', '로암미(내 백성이 아니라)'였다. 결국 호세아를 떠나 더 큰 사랑을 갈구했지만, 진정한 사랑은 찾을 수 없었다.

고멜의 눈은 기력을 잃어갔고 피부는 탄력을 잃어갔다. 고멜의 겉모습만 사랑했던 사람들에게 고멜은 점점 잊혀져갔다. 그들이 고멜에게 준 것은 사랑이 아니라 욕망이었다. 욕망으로서의 이용 가치가 떨어진 고멜 앞에 놓여진 것은 추위와 배고픔이었다. 노예로 자신을 파는 것 외에는 방법이 없었다. 호세아가 자신을 다시 받아주리라고는 생각조차 하지 못했다.

집으로 돌아오면서 호세아가 말했다.

"이제 아이들의 이름도 바꿉시다. 더 이상 이 아이들에게 '로-'라는 접두어를 붙일 필요가 없소. '암미(나의 백성)'라고 부릅시다. 그리고 '루하마(사랑받는 자)'라고 부릅시다. 이 아이들은 내 아이들이오."

예전에 고멜의 눈에 호세아는 작아 보였다. 돈도 많지 않았고, 명예가 많지도 않았다. 호세아의 사랑보다 타인의 욕망이 고멜을 움직였다. 하지만 결국 마지막까지 나를 지킨 건 호세아의 사랑이요, 인내였다. 고멜이 망가질대로 망가져서 아무것도 할 수 없다고 느꼈던 그 순간까지도 호세아는 고멜을 추격했다. 마치 다윗 왕이 불렀던 시편 23편의 한 구절 같았다.

주의 인자(*히브리어 '헤세드'가 한국어 성경에서는 '인자, 자비, 사랑, 은혜' 등으로 번역된다. 헤세드란 '약한 자가 곤궁에 처해 있을 때 강한 자가 그럴 의무가 없음에도 불구하고 자발적으로 보이는 충성'을 의미하는데, 구약에서는 하나님께서 언약을 맺은 자기 백성에게 베푸시는 사랑을 표현할 때 주로 사용된다)가 다윗을 추격한 것처럼 호세아의 사랑(헤세드)이 고멜을 추격하고 있었다. 호세아는 절대로 고멜을 포기하지 않았다. 호세아의 사랑이 마른 뼈와 같이 시들어버린 고멜의 심령에 스며들었다. 행복했다.

호세아는 노을빛이 물든 거리에서 고멜의 손을 잡고 걸었다. 하루가 지나고 이틀이 지났다. 몇십 년이 흘렀다. 그리고 그날이 왔다.

"여보, 우리 북이스라엘은 결국 앗시리아에게 멸망할 것이오. 하나님은 이스라엘과 결혼했지만 이스라엘은 하나님의 사랑을 잊어버렸소. 바알과 아세라가 주는 욕망의 찌꺼기들이 더 좋아 보인 거요. 성전에서 제물은 바치지만 하나님을 사랑하지는 않소. 하나님과 결혼하고서 바알을 따라간 거지요. 바알의 욕망에 이웃 사랑은 없어요. 자기를 위해 이웃을 이용하는 거지. 예배의 형식은 있지만, 마음은 없는 꼴이지요. 북이스라엘이 망하더라도 그건 하나님의 잘못이 아니에요. 하나님이 배신한게 아니라, 이스라엘이 배신한 거니까..."

호세아의 눈에 눈물이 고였다. 마치 몇십 년 전의 모습을 보는 것 같았다. 고멜이 호세아를 떠나가던 날, 호세아가 그렇게 울었다. 그리고 노예 시장에서 고멜을 데려오던 날, 호세아는 또 그렇게 울었다. 호세아가 눈물을 닦고 고멜에게 말했다.

"그런데, 여보."

"네?"

"내가 당신을 포기하지 않은 것처럼 하나님도 이스라엘을 포기하지 않을 거예요. 그런데 도대체 왜 하나님은 이런 민족을 버리지 않는 걸까요? 왜 다시 찾으려고 하는 걸까요?"

노년의 고멜은 지긋이 호세아를 바라보았다.

"당신의 사랑을 보면 알 것 같아요. 나는 당신을 버렸지만 당신은 끝까지 나를 지켰어요. 당신의 용서와 사랑을 아직 완전히 이해할 수 없어요. 그 깊이와 그 넓이를 어떻게 알겠어요? 당신의 사랑을 보면 하나님의 사랑을 어렴풋하게나마 알 것 같아요. 그리고 그 사랑을 믿어요."

저기 멀리서 암미와 루하마가 고멜과 호세아를 불렀다.

"아버지, 어머니, 어서 오세요. 식사하셔야죠."

고멜은 호세아의 손을 꼭 잡았다.

"이제 들어가요. 사랑하는 아이들이 있는 우리 집으로요."

붉은 노을 빛 아래, 앗시리아 군대들의 말발굽 소리가 요란했다.

PS

'호세아'는 '구원'이라는 뜻을 갖고 있는 이름이다. 여호수
아의 옛 이름이기도 하다. 그리고 호세아를 헬라어로 번역
하면 '예수'가 된다.

요엘

블록버스터 영화 <요엘>

사회자   위드 기독교 영화제에서 다양한 영화들이 소개됐는데
요. 아마도 이 성경을 소재로 만든 영화는 처음인 것
같습니다. 그리고 스케일이 대단했죠? 기독교 영화에
서는 '십계' 이후로 가장 스케일이 큰 영화가 아닐까
싶습니다. 영화 '요엘'로 감독상을 수상하신 분이죠?
양재윤 감독님을 모셨습니다.

(방청객, 박수로 환영한다)

사회자   안녕하세요? 양감독님. 정말 영화 첫 장면부터 눈을
뗄 수가 없더군요. 저는 처음에 스크린이 새까맣게 나

와서 사고가 난 줄 알았어요. 온 세상의 메뚜기들을 다 모아놓은 것 같더군요. '역시 블록버스터 영화구나' 감탄하면서 봤어요.

양감독 사실 요엘은 3장밖에 안되는 짧은 성경이에요. 그래서 소선지서로 분류돼요. 그런데 성경을 읽다보니 요엘의 스케일이 장난이 아닌 거예요. 길이는 소선지서인데 말이죠. 그래서 영화로 한번 만들어봐야겠다고 생각했죠.

사회자 그런데 처음부터 상당히 고생을 하셨다고 들었어요.

양감독 네, 원래 이런 성경 영화를 만들려면 그 시대 배경을 알아야 해요. 그런데 요엘은 특이하게 어떤 시대에 기록되었는지 나와 있지 않아요. 처음에는 조금 당황을 했는데요, 요엘서를 읽어보니까 굳이 시대를 몰라도 되겠더라고요. 워낙 시공간적으로 방대한 성경이라서 어떤 시대를 가정하더라도 괜찮겠다 싶었죠. 그 문제가 해결되고 나니까 속도가 좀 붙더라고요. 사실 더 어려운 건 성경 공부였어요. 영화를 제대로 찍으려면 요엘이라는 성경을 제대로 알아야 했으니까요. 영화를 만들면서 성경을 공부했던 시간이 오히려 더 기억에 남네요. 하하하.

사회자   자, 그러면 하나하나 영화의 장면들을 여쭤보도록 하
겠습니다. 사실 어떤 분들은 "메뚜기 장면에 너무 영
화 예산을 많이 쓴 게 아니냐" 하는 얘기도 하더라고
요. 왜 그렇게 메뚜기에 집착하신 건가요? 그리고 메
뚜기가 나오는 장면에 '여호와의 날'이라는 텍스트를
크게 적어 놓으셨잖아요. 그 이유가 뭔가요?

양감독   1장과 2장에 메뚜기가 등장하죠. 관객들에게 그 시
대 이스라엘이 받았을 충격을 그대로 전해드리고 싶
었어요. 유대인들에게 메뚜기라고 말하면 어떤 생각
이 들까요? 아마 출애굽 사건이 떠올랐을 거예요. 유
대인들에게 메뚜기는 구원의 동물이었던 거죠. 그런
데 갑자기 메뚜기가 이스라엘을 공격해요. 메뚜기가
파멸의 동물이 된 거예요. 제가 왜 '여호와의 날'이라
는 텍스트를 크게 붙였는지 여쭤보셨죠? 그들에게 더
충격적인 사실이 뭐였을까요? 그 메뚜기를 보낸 분
이 '여호와'라는 사실이었어요. 유대인들은 '여호와
의 날'을 고대했거든요. 민족주의 성향이 강한 유대인
들에게 '여호와의 날'이란 여호와께서 유대인들을 구
원하실 날을 의미해요. 그런데 요엘은 '여호와의 날'
을 유대인들이 심판을 받는 날로 사용한 거죠. 그것

도 메뚜기라는 충격적인 동물을 가지고요. 아마도 당시 유대인들이 받은 충격은 상상 그 이상이었을 거예요. 사실 우리나라는 '메뚜기' 하면 아주 친숙하잖아요? 귀엽기도 하고. 그런 이미지를 깨뜨려야 했어요. 얼마나 두려운 일인지 드러내는 게 1차 과제였어요. 메뚜기에 예산을 많이 쓸 수밖에 없었죠. 후회하지는 않습니다.

사회자   영화 평론가들이 극찬하는 것 중의 하나가 디졸브 기법(*한 화면이 사라지면서 다른 화면이 나타나서 두 장면이 융합되는 영상 편집의 기법)이더라고요. 메뚜기 떼인줄 알았는데, 점점 화면이 바뀌면서 무시무시한 군대의 모습이 돼 있더라고요. 너무 자연스러웠어요.

양감독   네, 제가 2장을 읽을 때 느낀 감정이었어요. 2장에서도 메뚜기 떼가 등장하는데, 이게 동물 메뚜기인지 아니면 군대를 메뚜기로 묘사한 것인지 모를 정도로 혼합이 돼 있어요. 그 장면을 보여드리기 위해서 디졸브 기법을 활용했어요. 그런데 그 군대를 이끌고 이스라엘을 심판하는 분이 여호와로 나와요. 하나님께서 얼마나 죄를 싫어하는지, 그리고 그 죄가 초래하는 결과가 얼마나 잔인한지 드러내고 싶었어요. 그래서 참혹한 전쟁의 장면을 최대한 날 것 그대로 묘사하기 위해서 노력했죠. 특이하게 요엘서는 다른 선지서와 다르게 구체적으로 죄의 목록이 등장하지 않지만 말이죠.

사회자   메뚜기 떼에다가 수많은 군대들에다가 예산이 들지 않을 수가 없는 영화였군요. 그런데 영화의 후반부는 다소 격정적이랄까? 그런 생각이 들었어요. 사람들이 옷을 찢는 장면들이 나오던데요? 그것도 꽤 비싼 옷 같던데...(웃음)

양감독   수많은 아포칼립스(*종말, 대재앙) 영화를 보면 그냥 망하는 걸로 끝이에요. 만약 메뚜기 떼만 보여줬다면 다른 영화와 다를 바가 없었겠죠. 그런데 저는 왜 그런 메뚜기 떼가 왔는지 이유를 보여주고 싶었어요. 옷만한 상징이 없었죠. 유대인들은 죄를 회개하면서 옷을 찢었거든요. 자신의 마음을 찢는 걸 상징화한 행동이죠. 그런데 시간이 흐르면서 옷만 찢는 거예요. 마음은 찢지 않고 말이죠. 그래서 여기서도 옷을 찢는 행동이 마음을 찢는 행동으로 이어지도록 디졸브 기법을 활용했어요.

사회자   메뚜기 떼와 무시무시한 군대가 사라지는 모습을 묘사한 것도 인상적이었어요. 그런데 유대인들이 전쟁으로 이기는 게 아니더라고요. 마음을 찢으니까 그 메뚜기 떼와 군대가 사라지더고요. 눈물을 흘리면서 마음을 찢는 장면을 묘사한 것이 아주 인상적이었어요. 아마도 양감독님은 '회개'가 열쇠라는 걸 보여주고 싶었던 거겠죠?

양감독   네, 잘 보셨네요. 그런데 회개의 결과를 잘 보세요. 사람만 회복되는 게 아니에요. 땅이 회복되고, 나무가 회복돼요. 포도주와 기름이 흘러넘쳐요. 회개의 결과는 온 우주적이죠. 이 땅을 다스리도록 청지기의 사명을 받은 사람들이 회복되면 온 땅도 함께 회복되는 거예요. 사실 그 부분도 최대한 보여드리려고 했는데, 잘 안보이셨나요? (웃음)

사회자   네, 제가 최근에 노안이 와서 그 부분은 잘... 하하하. 마지막으로 또 하나의 놀라운 장면이 등장합니다. 마지막에 등장하는 인물은 베드로죠? 마지막은 오순절 베드로의 설교로 마무리하셨지요? 그리고 3천명이 베드로에게 눈물을 흘리면서 "그러면 우리가 어찌해야 합니까?" 이렇게 부르짖는 장면으로 끝나는데 어떤 의도를 가지고 하신 건가요?

양감독   네. 기독교 영화라는 정체성을 살려야 했어요. 만약 회개해야 한다, 착하게 살아야 한다, 이렇게 마무리하면 그냥 좋은 휴머니즘 영화 정도가 되었겠죠? 그런데 생각해 보니까 저는 그렇게 착한 사람이 아니더라고요. 자꾸 실수하고 넘어지는 사람이거든요. 그렇다면 다시 메뚜기 떼가 올 수도 있는 거잖아요. 그렇게 마무리되면 두려움만 남기고 끝나는 영화가 되었겠죠. 그리고 유대인들만을 위한 영화가 되었을 거예요. 제가 마지막에 보여드리고 싶었던 건, 예수님의 십자가예요. 그리고 성령 하나님의 내주하심이었어요. 요엘 선지자의 예언의 초점도 바로 거기에 있어요. 메뚜기가 아닌 거죠. 예수 그리스도를 믿는 사람들에게 '여호와의 날'이란 결단코 심판의 날이 될 수 없어요. 우리의 죄를 십자가로 용서해 주셨으니까요. 우리에게 여호와의 날이란 구원의 날이에요. 그리고 이제는 그 약속을 우리의 마음판에 새겨주세요. 왜 이 영화를 블록버스터라고 얘길 할까요? 요엘서가 블록버스터급 성경이기 때문이죠. 이제 남녀노소, 이방인과 유대인을 가리지 않고 성령 하나님께서 찾아오세요. 누구든지 예수 그리스도의 십자가를 믿고 하나님의 이름을 부르면 구원을 얻어요. 제가 요엘을 영화로 만들었다는 게 믿기지 않아요. 영화를 만들면서도 너무 기뻤어요.

사회자 네, 블록버스터급 영화 '요엘'. 영화가 블록버스터가 아니라 요엘이 담고 있는 메시지가 블록버스터급이었던 거군요. 이렇게 문화 사역을 통해서 이 우주적인 복음을 전해주신 양감독께 이 자리를 빌려서 감사드립니다. 그리고 영화와 성경의 모티브가 된 온 세계의 메뚜기들에게도요. 자, 그러면 저는 다음 시간에 다른 영화로 다시 찾아뵙겠습니다. 함께 해 주신 방청객 여러분, 그리고 양재윤 감독님, 감사합니다.

양감독 감사합니다.

아모스

친구에게 설명하는 아모스서

1. 아모스는 누구인가?

친구야.

네가 알고 있는 것처럼 아모스는 선지자야. 구약의 선지자들 중에는 거짓 선지자들과 참 선지자들이 있었어. 어떤 선지자들은 하나님의 말씀대로 살지 않으면 하나님의 심판을 받게 된다고 예언했고, 어떤 선지자들은 성전과 제사만 있으면 아무 문제가 없다고 얘기했지. 네가 생각할 때 어떤 선지자가 참 선지자 같니?

그래. 아모스는 심판을 선포한 선지자였어. 사실은 자기의 밥

벌이를 위해서는 좋은 말 하는 게 더 도움이 됐을 텐데, 아모스 선지자는 오직 하나님의 말씀만 전한 거야. 요즘도 그렇지 않을까 싶어. 회개를 선포하는 설교보다는 교회만 나오면 복 받는다는 설교가 더 인기가 있지 않겠니? 오늘을 살아가는 우리들도 참 선지자와 거짓 선지자들을 분별해야 할 필요가 있다고 생각해.

보통 아모스 선지자는 호세아 선지자와 많이 비교되곤 해. 두 선지자 다 동시대의 북이스라엘에게 말씀을 선포한 선지자였거든. 아모스는 정의와 공의를 외쳤고 정의와 공의가 무너진 사회를 경고했지. 호세아는 종교적인 음란 행위에 대해서 선포했어. 공의와 정의를 무너뜨리는 우상숭배를 경고한 것이라고 할 수 있어.

친구야.

아모스와 호세아에게서 우리는 동일한 교훈을 발견할 수 있을 것 같아. 하나님을 경외하는 사람은 하나님의 말씀을 순종하는 사람이라고 할 수 있어. 반면에 우상을 숭배하는 사람은 자기의 욕심을 극대화시키기 위해서 신을 조종하고 이용하는 사람이라고 할 수 있겠지. 우리의 믿음과 우리의 행위는 함께 가는 거야. 영성이라는 단어를 단순하게 기도와 찬양 같은 종교적 행위에만 국한시키지 말았으면 좋겠어. 우리의 영성이란 또 다른 의미에서 사회에 정의와 공의를 부여하는 능력이라고 할 수 있을 것 같아.

아, 그리고 아모스에 대해 조금 더 얘기를 해 보자. 나도 아모스에 대해서 오해하고 있는 게 많았어. 우선 아모스서 1장 1절을 보면 아모스가 어떤 사람인지 대략적인 윤곽은 잡을 수 있을 거야. 아모스는 북이스라엘에서 여로보암 2세의 통치시기에 선지자로 활동한 인물이야. 그리고 아모스가 드고아의 목장주라는 것도 알 수 있어.

우선 아모스가 활동한 여로보암 2세의 시대는 이스라엘의 제2의 황금기라고 불릴 정도로 경제적으로 번영한 시기였어. 물론 지진이라는 전조가 있기는 했지만, 아모스가 이스라엘의 멸망을 얘기하기에는 너무나 생뚱맞은 시기였던 거지. 그리고 아모스는 사실 북이스라엘 출신이 아니야. 남유다 출신이지. 남유다 출신이 북이스라엘까지 와서 멸망을 선포했으니까 북이스라엘 입장에서는 탐탁지 않게 생각했겠지. 그리고 단순한 목자가 아니라 목장주였어. 경제적으로 여유가 있었다는 말이야. 호구지책으로 선지자 활동을 한 게 아니라는 거지. 이 정도면 아모스라는 선지자가 어떤 선지자인지 기본적인 골격은 잡을 수 있을 것 같아. 자, 그럼 아모스서에 대한 세부적인 내용으로 들어가 보기로 하자.

2. 아모스 당시, 북이스라엘의 시대적 상황은 어떠했나.

친구야.

선지자들의 예언은 오늘을 살아가는 우리들에게도 의미가 있지만, 1차적으로는 그 시대를 살아가는 사람들에게 선포한 것이겠지? 그러니까 아모스 선지자의 예언도 당시 북이스라엘의 상황을 고려해야만 그 의미가 더욱 정확하게 다가올 수 있을 거야. 앞에서 얘기했지만, 북이스라엘의 여로보암 2세 시대는 여러 측면에서 번영을 누렸던 시기로 평가할 수 있어.

열왕기하를 보면, 당시 이스라엘 영토가 하맛 어귀에서 아라바 바다까지 이르렀다는 걸 알 수 있어. 솔로몬 시대와 맞먹는 영토였지(왕하 14:25). 다메섹도 정복하고(왕하 14:28), 무역의 주요 통로인 동요르단 지역도 장악했어. 한 마디로 그 당시 근동 지방의 최강자라고 불러도 이상하지 않을 정도였어.

아모스 6장 1절에서도 이스라엘을 만국 중 으뜸이라고 표현하고 있어. 정치적으로만 성공한 게 아니라 경제적으로도 엄청난 번영을 누렸지. 전쟁에서 얻은 전리품들이 차고 넘쳤고 교역로 확보를 통한 통행세도 풍부했어. 상행위도 활발했고. 돈이 흘러 넘친 거야.

그런데 돈이 흘러 들어오면 빈익빈 부익부가 더 심화돼. 상류층은 사치스런 생활을 했어. 심지어 겨울 집, 여름 집도 따로 지었고, 침대는 상아로 만들 정도였어. 그 비싼 향유로 몸을 가꾸었지. 그런데 급격한 도시화는 필연적으로 도시 빈민을 양산한다는 게 인류역사의 결과야. 북이스라엘도 다르지 않았어. 시골에서 도시로 온 사람들이 빈민으로 전락하게 돼. 돈 때문에 종이되는 일도 빈번했어. 마치 오늘의 우리 사회를 보고 있는 것 같지 않니? 선진국으로 진입했다고 말들을 하지만 여전히 부동산은 가난한 자들의 가슴에 대못을 박고 있지. 그리고 부에 따른 학력의 격차는 더욱 심해지고 있어. 심지어 교회도 그런 경우가 있어. 대형화된 교회가 자랑이 되는 시대야.

친구야.

아모스는 그 정치적 성공과 경제적 번영 뒤에 숨겨져 있는 북이스라엘의 추악한 뒷면을 선포하고 있는 게 아닐까 생각해. 결국 그들의 성공은 하나님께 순종하지 않는 정치적 성공, 이웃을 착취하는 방법으로 이루어진 경제적 번영이라는 거야. 아모스는 그런 이스라엘의 상황을 고발하고 있는 거지. 그런데 한번 생각해 보자. 그 시대에 제사가 없었을까? 아니야. 사실 이스라엘은 엄청난 종교적 열심을 가지고 있었어. 제단에는 희생 제물이 높이 쌓여 있었고, 비파소리와 음악소리는 흘러넘쳤어. 그런데 그제사는 자기 만족을 위한 종교적 의식에 불과했던 거지. 형식은 화려했는데 마음과 행위는 빈약했어. 그게 바로 우리가 말하는 타락이 아닐까?

한국 교회는 지금 어떨까? 천만의 그리스도인들이 있다고 얘기하고 세계에서 가장 큰 대형교회가 있다고 하는데, 우리의 마음과 우리의 행위는 과연 당시의 북이스라엘과 어떤 차이가 있는 걸까? 사실 시대적 상황은 그 시기의 북이스라엘과 별반 차이가 없지 않을까 싶어. 그래서 두려운 마음으로 아모스서를 읽게 된다.

3. 아모스서는 어떻게 구성되어 있나?

친구야.

아모스는 크게 세 부분으로 구성된 것으로 봐.

(1) 첫 번째 부분 : 1~2장

우선 1, 2장은 모든 나라가 심판을 받는다는 내용이야. 특이하게 아모스는 이스라엘의 이웃 나라(다메섹, 가사, 두로, 에돔, 암몬, 모압)에 대한 심판들로 시작하고 있어. 그리고 그 심판의 선포가 끝난 이후에 유다와 이스라엘에 대한 심판이 선포되고 있는 구조야. 그런데 조금 이상한 점을 발견할 수 있어.

이웃 나라들의 죄는 한 개씩만 언급되고 있어. 그런데 유다와 이스라엘의 죄는 7개나 언급되는 것을 볼 수 있어. 보통 성경에서 7을 완전수라고 하잖아. 그런데 이 7이라는 숫자가 죄를 언급할 때 사용된 거니까 얼마나 그 죄가 중한지 알 수 있는 거야. 다른 나라들은 한 개의 죄를 짓고도 심판받았는데, 이스라엘은 7개의 죄를 지었으니, 심판을 피할 수 없다는 것을 보여주는 거라고 할 수 있어. 선민인 이스라엘이 더 심각한 죄책을 짊어지고 있다는 것에 초점을 맞춘 거라고 평가하고 있어.

그리고 다른 나라들은 이방 민족에 대해 범죄를 저질렀지만, 이스라엘은 동족에 대해 범죄를 저질렀어. 사회적인 범죄라는 거야. 또, 다른 나라들은 불로 간접적인 징계를 하시지만, 이스라엘은 하나님께서 직접 징계하고 있어. 징계의 대상도 수도나 통치자에서 시작해서 전체 백성에게 확대되고 있지. 제사장 나라로서 사명을 다해야 하는 이스라엘에게는 다른 판단의 잣대, 다른 차원의 징계를 내릴 수밖에 없는 거지.

(2) 두 번째 부분 : 3~6장

친구야.

내가 앞에서 얘기한 것처럼, 가운데 부분이 아모스서의 중심을 차지하고 있어. 앞 부분과 뒷 부분이 심판에 대한 내용이라고 했잖아. 가운데 부분은 그 심판의 당위성과 정당성을 설명하고 있는 부분이라고 할 수 있어.

심판에는 근거가 필요하겠지. 이스라엘은 출애굽 과정에서 볼 수 있듯이 하나님이 택한 백성이야. 제사장 나라로 부름받은 거지. 이스라엘이 이 특권을 오해한 거야. 하나님의 법을 지키라고 부르신 건데, 그것을 망각하고 언약을 깨뜨린 거야.

이스라엘 백성들의 죄는 세 가지로 요약할 수 있어.

첫째, 상류층들의 향락이야. 가난한 자들을 압제하거나 착취한 거지.

둘째, 법적 제도의 부패야. 뇌물이 만연했어.

셋째, 종교의식의 타락이야. 성전에서 형식적인 제사만 드리더라도 자기들은 안전하다고 착각한 거야.

이제는 교회를 영적 이스라엘이라고 부르잖아. 그런데 영적 이스라엘인 교회가 과연 육적 이스라엘의 이러한 죄에서 얼마나 자유로울 수 있을까? 삶의 예배보다는 예배의 의식에 집중하는 우리네 모습은 북이스라엘의 모습과 닮아있지 않니? 성전만 있으면 안전하다고 한 북이스라엘의 모습과, 큰 교회당을 성전이라고 부르면서 큰 성전이 있어야 부흥한다는 우리 한국 교회의 모습이 다를 바가 무엇이 있을까? 부끄럽기도 해. 두렵기도 하고. 아모스서는 마치 오늘의 교회를 향한 말씀같이 느껴지기도 해.

(3) 세 번째 부분 : 7-9장

친구야.

7~9장에서는 5개의 환상 이야기가 등장하고 있어. 5개의 환상 중에서 4개의 환상은 인위적으로 짝을 이루고 있어. 두 개씩 이루어진 각각의 짝이 서로 같은 결과를 서술하고 있지. 처음 두 환상에는 하나님이 이스라엘에게 내린 저주를 취소한다는 내용을 담고 있는 반면에, 두 번째 짝에는 하나님이 이스라엘을 용서하겠다는 말씀이 나타나지 않아. 그러니까 아모스도 처음에는 중보기도를 드리고 용서의 응답도 얻어내는데, 이후에는 중보기도도 나타나지 않거든. 더 이상 하나님의 심판을 피할 수 없을 정도로 이스라엘의 죄가 심각했다는 거야. 짝도 없이 등장하는 다섯 번째 환상에서 하나님의 심판은 정점에 도달하게 돼.

하지만 아모스의 마지막 단락은 이스라엘의 회복을 얘기해. 이제는 영적 이스라엘인 교회를 통해서 이루어지는 하나님 나라에 대한 소망을 노래하고 있는 거야.

4. 그러면 우리는 어떻게 살 것인가?

친구야.

앞에서 아모스서를 정리하면서 단편적으로 내 생각을 얘기했어. 아모스서를 통해서 오늘날 내가, 그리고 한국 교회가 어떤 교훈을 얻을 수 있을지를 다시 한번 생각해 보았어.

우선 성경은 관계의 측면을 얘기하는데 자꾸만 우리들은 개인의 차원으로 복음을 축소하려고 하는게 아닐까 하는 생각이 들었어. 아직까지도 개인 구원과 사회 참여를 별개의 것인 양 다투고 있는 모습을 볼 때마다 우리가 복음의 광대함과 적용의 다양성을 억지로 우리의 틀에 끼워맞추려고 하고 있는게 아닐까 싶어. 우주적인 하나님의 복음을 나에게만 찾아오시는 복음으로 가치절하하고 있는 것 같아. 이제는 균형을 잡아가야 하지 않을 아닐까?

그리고 아모스는 이스라엘의 회복을 얘기하고 있어. 바로 그 이스라엘은 오늘날의 교회를 의미하는 거겠지. 하나님과의 관계가 회복된 사람들은 필연적으로 이웃과의 관계가 회복되고, 온 피조세계와의 관계가 회복되는 거라고 생각해. 그런데 수직적인 관계만 얘기하다 보니, 마치 교회가 사회에서 단절된 갈라파고스(*태평양 동부, 적도 바로 밑에 있는 화산섬의 무리)같다는 생각이 들어. 북이스라엘의 모습과 무엇이 다를까 싶어. 나부터 먼저 회개해야겠다는 생각이 들었어. 복음의 광대함을 개인 구원의 차원으로 좁힌 교회의 죄를 마치 나의 죄인 것처럼 회개해야겠다는 생각이 들었어.

그리고 '삶의 예배'라는 개념을 좀더 교회가 가르치고 실천했으면 좋겠어. 하나님께서 함께 계신다는 선포는 삶으로 증명되어야 해. 높은 첨탑과 목회자의 화려운 가운을 통해 하나님을 보여주는 것이 아니라, 사회에서 공의와 정의를 행하는 모습을 통해 하나님의 속성을 드러내고 하나님께 영광을 돌려야 하지 않겠니?

친구야.

우리, 다시 시작해 보자.

"오직 공법을 물 같이, 정의를 하수 같이 흘릴찌로다"

(아모스 5:24)

오바댜

페트라에서

페트라.

BBC 방송사가 선정한, '죽기 전에 꼭 가봐야 할 50곳'에 선정된 페트라. 젊은 시절 해리슨 포드가 '인디아나 존스'라는 추억의 영화에서 성배를 찾기 위해 뛰어 다녔던 곳, 그리고 '트랜스포머'라는 최첨단 로봇 영화에서도 배경이 된 바로 그곳. 어렵사리 요르단의 페트라에 도착했다.

과거 에돔의 수도였다가 나바테아 왕국의 수도가 된 곳, 그리고 결국 로마에 의해 멸망당한 곳. 일반 건축물이 아니라 암석을 깎아 만든 천연의 건축물. 마치 숨바꼭질을 하는 것처럼 구불구

불한 협곡을 지나야 보이는 자연의 요새. 명불허전. 그 명성이 눈앞에 자연 그대로의 모습으로 펼쳐져 있다.

오바댜 선지자가 왜 페트라에 사는 에돔을 그렇게 묘사했는지 이제야 알 것 같다.

> "바위 틈에 거하며 높은 곳에 사는 자여 네가 중심에 이르기를 누가 능히 나를 땅에 끌어내리겠느냐 하니 너의 중심의 교만이 너를 속였도다"(오바댜 1:3)

에돔은 자신의 멸망을 상상하지도 않았을 게다. 이런 협곡을 뚫고 들어와 에돔을 점령한다는 건 불가능에 가까워 보였을지도 모른다. 유다를 정복한 바벨론의 느부갓네살 왕도 끝내 에돔을 정복하지는 못했다. 그런데 이미 아모스는 난공불락의 요새에 자리잡고 있는 에돔의 멸망을 예언했다.

> "여호와께서 가라사대 에돔의 서너 가지 죄로 인하여 내가 그 벌을 돌이키지 아니하리니 이는 저가 칼로 그 형제를 쫓아가며 긍휼을 버리며 노가 항상 맹렬하며 분을 끝 없이 품었음이라"(아모스 1:11)

에돔은 야곱의 형 에서의 후예이다. 그런데 바벨론이 예루살 렘을 멸망시킬 때 에돔이 보인 행동은 형제의 나라가 할 수 있는 행동이 아니었다. 오히려 예루살렘의 멸망을 에돔이 도왔다. 더 나아가 멸망한 예루살렘을 에돔은 약탈했다. 그리고 예루살렘의 포로들을 팔아버렸다. 형제를 칼로 쫓아간 것이다. 오바댜도 아 모스와 동일하게 에돔의 멸망을 말한다.

"네가 네 형제 야곱에게 행한 포학을 인하여 수욕을 입고
영원히 멸절되리라"(오바댜 1:10)

그런데 주의해야 한다. 단순히 배타적인 민족주의의 관점으로 오바댜를 읽어서는 안 된다. 왜 에돔이 멸망한 것인가? 이방 민 족이었기 때문인가? 오바댜 선지자는 그 이유를 형제를 향한 '포학'에서 찾고 있다. 사실 구약성경 곳곳에서 에돔의 포학은 발 견된다.

약자가 어려움에 처해있을 때 에돔은 이를 외면했다. 아니, 도 리어 에돔은 그 약자들을 짓밟아 버렸다. 하나님이 가장 싫어하 는 행동을 에돔이 한 것이다. 약자에 대한 폭력과 학대. 이웃 나 라에게 어떤 포학을 행해도 망할 리 없다는 에돔의 교만이 결국 에돔을 멸망시켰다. 잠언의 말씀처럼 교만은 멸망의 선봉일 뿐

이다. 결국 에돔은 아모스의 예언처럼, 그리고 오바댜의 예언처럼 멸망했다. 에돔이라는 이름은 유다에서 부끄러운 이름이 되었다. 사라진 나라 에돔(이두메) 출신의 헤롯대왕은 자신의 출신지에 대한 열등감 때문에 폭력적인 삶을 살았다.

오바댜 바로 뒤에 나오는 요나서를 생각해 본다. 요나서는 앗시리아라는 이방 나라를 향한 하나님의 긍휼하심을 보여준다. 오바댜에서 단지 에돔이라는 이방 나라의 멸망만을 발견해서는 안되는 이유이다. 모든 열방을 향한 하나님의 긍휼한 마음, 그리고 약자를 향한 포학을 벌하시는 하나님의 공의의 마음. 화려한 고대도시 페트라에서, 지금은 그저 관광객들만 오고가는 에돔의 수도, 그리고 나바테아 왕국의 수도 페트라에서 하나님의 마음을 되새겨본다.

힘과 권력으로 약자를 무너뜨리는 이 세상이 마치 에돔의 페트라같다. 교회가 그런 페트라가 되지 않기를, 이 페트라 같은 세상에서 예수 그리스도의 이름으로 한 줄기 빛이 되기를, 소망이 되기를 조용히 기도한다.

이곳은 교만과 포학으로 멸망한 에돔의 수도 페트라다.

요나

요나의 에필로그

1. 난, 탕자 같은 선지자였다

난 이상한 선지자였다. 아니, 그 당시에 난 그렇게 생각하지 않았다. 이상한 분은 바로 하나님이었다. 왜 하필 앗수르이고, 왜 하필 나인가. 다른 선지자들은 우리 민족을 향해서 외치도록 부름받았다. 우리 민족의 죄를 회개해야 한다고 외쳤다. 그런데 왜 하필 앗수르였을까? 난 도저히 이해할 수 없었다.

앗수르의 폭력과 잔인함은 상상 그 이상이었다. 고문이 그들의 생활이었고, 포로들의 살과 피가 그들의 음식이었다. 산 채로 몸을 찢어 죽이고 포로들의 혀를 잘라냈다. 멸망당해 마땅한 나라가 바로 앗수르였고, 그 앗수르의 수도가 바로 니느웨였다. 게다가 왜 하필 나란 말인가! 내 기도의 제목이 무엇이었던가! 앗수르의 멸망이 아니었던가!

이런 잔인한 민족은 이 지구상에서 사라져야 마땅하지 않냐고 기도했다. 매일매일 앗수르를 향한 저주가 내 양식이요, 내 노래가 되었다. '언젠가는 내 기도를 들어주시겠지...' 믿음으로 기도한 세월이 얼마이던가! 난 민족의 부흥과 회복을 꿈꾸는 유대인이요, 민족주의자였다.

그런데 나에게 니느웨에 가서 말씀을 전하라 하셨다. 수긍할수 없었다. 하나님의 정의는 도대체 뭐란 말인가. 하나님을 의심하기 시작했다. 선지자의 소명도 희미해졌다. 어떻게 해야 할까? 며칠을 고민하고 고민했다. 그리고 결론에 도달했다.

달아나기로 했다. 피하기로 했다. 그게 최선이었다. 하나님을 떠나 탕자의 길을 걸어가기로 결심했다. 마침 니느웨의 반대편 다시스로 가는 배편이 눈에 들어왔다. 난, 그날 하나님을 떠났다.

같은 배에 있는 사람들은 친절하고 정중했다. 유대인들은 아니었다. 그날 강력한 폭풍이 이 바다에 휘몰아쳤다. 나의 불순종의 결과가 마치 나비효과처럼 이 지역의 바다를 덮쳤다. 나의 불순종으로 이 친절한 이방인 사공들이 고통을 경험하고 있다는 사실이 가슴 아팠다.

"나를 바다에 던지시오. 그러면 당신들이 살 것이요."(*이후 예수님은 자신을 요나보다 더 큰 이로 부르시며, 요나의 표적을 말씀하셨다. 요나는 자신의 죄로 자신을 희생했지만, 예수님은 타인의 죄를 용서하기 위하여 희생하셨다. 그리고 3일만에 부활하셨다)

바다에 떨어졌던 내가 이 글을 쓰고 있다는게 믿기지 않는다. 큰 물고기가 나를 삼켰다는 얘기를 들은 사람들은 하나같이 비웃었다. 그런 일은 있을 수 없다고 말했다. 하나님의 천지창조를 믿는다고 고백하는 이들이 고작 3일의 사건을 믿지 못하는 사실이 의아했다. 어쨌든 그런 일이 내게 일어났고 그때의 기억은 여전히 생생하다. 그 큰 물고기의 뱃속에는 앗수르도 없었고 이스라엘도 없었다. 홀로 덩그러니 남겨진 어두컴컴한 인생의 바닥에서 난 기도했다.

내 입에서 하나님의 '은혜(헤세드)'라는 단어가 튀어 나왔다(요나 2:8). 하나님의 헤세드가 이 바다 깊은 곳에서도 나를 추격하고 있었다. 나는 하나님을 피했지만 하나님의 은혜는 나를 포기하지 않았다. 이제 돌아가야겠다고 다짐했다.

2. 난, 돌아온 탕자를 싫어하는 선지자였다

이제는 어쩔 수 없었다. 두 번째로 내게 임한 그 말씀에 나는 순종했다. 니느웨 사람들에 대한 사랑은 아니었다. 그냥 하라고 하시니, 그 말씀을 전달할 뿐이었다.

어차피 회개하라는 내 말에 귀를 기울일 니느웨 사람은 없다고 생각했다. 사실상 나는 그들을 협박했다. 너희들은 결국 멸망할 것이라고 말했다. 이제 그들은 이런 저주를 퍼붓는 나를 죽일 것이다. 그리고 결국 그들도 그들의 죄로 멸망할 것이다. 이왕 이렇게 된 것, 그것도 나쁘지 않다고 생각했다. 혹 나를 바다에서 건지신 하나님의 그 자비가 그들을 살리시는 건 아닌가 염려가 되기는 했다. 어쨌든 난 형식이라고 할지라도 말씀에 순종했고, 이 큰 성읍 니느웨에서 고작 하루를 외쳤다. 하지만 마음 없는 외침이었고 성의도 없는 외침이었다. 그런데 나의 불성실에도 불구하고 하나님의 역사는 생각할 수 없는 방향으로 전개되었다.

사실, 최악이었다. 이 성의 없는 선포에 니느웨 사람들이 반응하리라고는 전혀 예상하지 못했다. 혹시나 했던 하나님의 자비가 그들에게 임했다. 그들은 울었다. 굵은 베 옷을 입고 재 위에 앉아 자신들의 불의를 뉘우쳤다. 니느웨 사람들의 눈물이 진정한 회심을 증명한 것이었는지 나는 알 수 없다. 분명한 건 그 장면이 싫었다는 거다. 그들이 그 말씀에 반응했다는 사실 자체가 싫었다. 그들은 그 말씀에 울지 말았어야 했다. 그냥 나를 옥에 가두고 죽였어야 했다. 그들은 그들의 죄로 죽어야 마땅한 죄인들이었다.

선지자의 말씀에 회중들이 반응하는 것만큼 기쁜 일이 또 있을까? 하지만 나는 그 반대였다. 나는 돌아온 탕자를 싫어한 큰아들이었다. 탕자, 그것도 이방인을 향한 하나님의 환대가 이해되지 않았다. 하나님의 정의와 하나님의 사랑이 풀 수 없는 고차 방정식처럼 내게 다가왔다. 그들의 존재는 이스라엘의 위협이었다. 하나님께서 이스라엘을 지키시기 위해서는 앗수르가 사라져야 했다. 그런데 내 눈 앞에 보이는 이 광경은 도대체 뭐란 말인가!

박넝쿨이 사라지는 모습을 보고도 난 아무런 교훈을 얻지 못했다. 그런데 화를 내는 내 앞에 하나님께서 나타나셨다. 울고 계셨다. 그리고 잔잔하게 말씀하셨다. 이게 바로 하나님의 사랑이라고 하셨다. 앗수르마저 하나님께서 아끼신다 말씀하셨다. 아아, 내가 어떻게 이 사랑을 이해할 수 있단 말인가. 도대체 하나님은 어떤 방식으로 메시아를 보내시려는 걸까?

갑자기 바닷속에 던져진 나를 구해주신 하나님의 모습이 스쳐 지나간다. 뜨거운 태양 속에 괴로워하던 나를 위해 박넝쿨을 예비하신 하나님의 모습이 스쳐 지나간다. 그리고 회개한 니느웨 사람들을 용서하시는 하나님의 모습이 스쳐 지나간다. 나에게만 머무는 헤세드가 아니었다. 저 좌우를 분변하지 못하는 앗수르조차도 하나님은 바라보고 계셨다. 우리의 메시아는 아마도 저런 사랑으로 오시지 않을까?

내 눈 앞에 오늘도 박넝쿨 하나가 놓여 있다. 하나님의 이해할수 없는 사랑 앞에, 그저 침묵할 뿐이다.

오, 주여! 말씀하소서.

PS

이 글은 팀 켈러의 『방탕한 선지자』에서 아이디어를 얻었다. 팀 켈러는 예수님의 돌아온 탕자 비유를 요나서의 해석에 활용하면서 요나 1~2장에 나타난 요나를 달아난 탕자로, 3~4장에 나타난 요나를 탕자의 형으로 그리고 있다.

찬양과 묵상 : 찬양팀 미가와 함께

사회자	안녕하세요? 찬양과 함께 성경을 묵상하는 시간, '찬양과 묵상'입니다. 이번 시간은 모래내에서 사역하고 있는 유명한 찬양팀이죠? 찬양팀 미가와 함께 성경을 묵상해 보겠습니다. 안녕하세요?
미가	안녕하세요? 찬양팀 미가의 리더 나미가입니다.
사회자	미가님, 찬양팀 미가에 대해서는 이미 많은 분들이 알고 계실 텐데요, 아직 잘 모르는 분들을 위해서 간단히 소개해 주시기 바랍니다.
미가	네, 저희 찬양팀은 참 독특하게 만들어졌습니다. 저

희들은 모래내 지역에 있는 교회를 섬기고 있는 청년들로 구성돼 있는데요, 매주 성경공부를 하고 있습니다. 2년 전에 미가서를 공부하고 있었는데 너무 은혜가 되는 구절들이 많더라고요. 그래서 별 생각없이 제가 미가서에 나와 있는 성경 구절을 모티브로 해서 찬양을 하면 좋겠다는 제안을 했습니다. 성경에 나오는 미가의 고향이 '모레셋'이잖아요. 그리고 우리 지역은 모래내고요. 그리고 제 이름도 미가라서 더 애착이 가는 성경이었는지도 모르겠습니다. 어쨌든 네 명이 제 제안을 받아들여서 밴드가 결성됐습니다. 지금까지 주로 미가서와 관련된 찬양을 부르고, 또 곡을 만들고 있습니다. 저희는 미가에서 세 가지의 핵심 테마를 발견해서 그 테마를 중심으로 곡을 부르고, 또 만들고 있습니다.

사회자 아, 그런 독특한 사연이 있었군요. 세 가지 테마라... 어떤 테마인가요?

미가 현대성서주석이라는 주석책을 읽으면서 아이디어를 얻었어요. 그 주석에서는 미가서의 주제를 '정의', '평화', '메시아'로 정리했더라고요. 참 좋았어요. 그래서 저희들도 오늘 이 시간에 그 세 가지 주제로 성경 말씀과 찬양을 나누기 원합니다.

1. 정의

사회자   아, 그렇군요. 정의, 평화, 메시아.

그럼 먼저 정의와 관련된 성경 말씀, 그리고 찬양을 듣고 이야기를 이어가보도록 하겠습니다. 미가서 6장 6절에서 8절까지의 찬양에 곡을 붙인 찬양이죠? "내가 무엇을 가지고". 먼저 성경 말씀을 읽고 찬양팀 미가의 찬양을 들어보겠습니다.

[내가 무엇을 가지고 : 미가 6장 6절~8절]

6 내가 무엇을 가지고 여호와 앞에 나아가며 높으신 하나님께 경배할까 내가 번제물 일년 된 송아지를 가지고 그 앞에 나아갈까

7 여호와께서 천천의 수양이나 만만의 강수 같은 기름을 기뻐하실까 내 허물을 위하여 내 맏아들을, 내 영혼의 죄를 인하여 내 몸의 열매를 드릴까

8 사람아 주께서 선한 것이 무엇임을 네게 보이셨나니 여호와께서 네게 구하시는 것이 오직 공의를 행하며 인자를 사랑하며 겸손히 네 하나님과 함께 행하는

것이 아니냐

| 사회자 | 저도 참 좋아하는 찬양 중 하나인데요, 찬양팀 미가도 가장 좋아하는 찬양이라고 들었어요. |

사회자 저도 참 좋아하는 찬양 중 하나인데요, 찬양팀 미가도 가장 좋아하는 찬양이라고 들었어요.

미가 네, 예전에 지미 카터라는 미국 대통령이 바로 이 미가서 6장 8절이 펼쳐진 성경에 손을 얹고 취임 선서를 한 적이 있어요. 아주 유명한 성경 구절이에요. 사실 미가가 활동했던 시기는 위기의 시대라고 볼 수 있어요. 미가 1장 1절을 보면 유다의 왕들 중에 요담, 아하스, 히스기야 시대에 미가가 활동한 것을 알 수 있어요. 그 시기가 어떤 시기일까요? 앗수르라는 제국이 팔레스타인의 질서를 재편하는 시기였죠. 실제로 B.C. 722년에 북이스라엘은 앗수르에 의해 멸망했고요. 남유다도 앗수르의 위협 속에서 살아가야 했던, 위기의 시대라고 할 수 있죠.

사회자 아, 그렇군요. 보통 위기가 닥치면 사람들은 그 원인을 찾지 않나요? 모든 고난이 죄의 결과는 아니지만 자기가 혹 죄를 지은 게 아닌가 돌아보기도 하고요. 유다도 그렇게 스스로를 돌아보지 않았을까요?

미가 그런데 미가가 바라본 유다는 그렇지 않았어요. 특히 당시 상류층과 지배층의 죄악은 충격적이었죠. 표현 자체가 자극적이에요. 그만큼 상류층의 부패가 심각했다는 얘기죠. 한 번 미가서 3장 2절과 3절의 말씀을 읽어볼까요? '야곱의 우두머리들과 이스라엘 족속의 통치자들'이라고 부르면서 상류층의 죄악을 고발하는 말씀이죠.

"너희가 선을 미워하고 악을 좋아하여 내 백성의 가죽을 벗기고 그 뼈에서 살을 뜯어 그들의 살을 먹으며 그 가죽을 벗기며 그 뼈를 꺾어 다지기를 남비와 솥 가운데 담을 고기처럼 하는도다"(미가 3:2~3)

사회자 정말로 직설적으로 상류층의 죄악을 고발하고 있군요. 그런데 그 시기에 유다는 하나님께 제사를 드리지 않았나요? 제사, 오늘날로 말하면 예배를 드리면서도 이런 죄를 지었다는 말인가요?

미가   네, 맞아요. 오늘 부른 찬양은 그 점을 말하고 있어요. '일 년 된 송아지', '천천의 수양', '만만의 강물', 이런 표현은 다 제사를 말하고 있어요. 사실 지극 정성으로 제사를 드린 거예요. 하나님께서 그런 정성을 기뻐하신다고 생각한 거죠. 사실 오늘날도 마찬가지 아닐까요? 오해하지 말고 들었으면 좋겠어요.

새벽기도를 하면서 하나님의 뜻이 이루어지기를 기도하는 것, 자신의 상처와 아픔을 주님께 탄식하며 아뢰는 것, 얼마나 아름다운 신앙의 유산입니까. 그리고 모든 물질의 주인이 하나님이라는 것을 고백하면서 헌금으로 이웃을 구제하는 것, 얼마나 아름다운 모습입니까. 주일성수를 하면서 모든 날의 창조주가 하나님이라는 것을 고백하고 주님께서 부활하신 날을 기념하는 것, 얼마나 멋집니까. 그런데 저는 한국 교회에 '지성이면 감천'이라는 무속적 신앙이 너무 깊게 뿌리내린 것은 아닌지 걱정이 돼요. 신앙을 고백하는 차원이 아니라, 지극 정성으로 하나님께 예배를 드리면 하나님께서 나의 소원을 들어주실 것이라는 자기 탐욕적인 차원에서 그런 의식을 하고 있는 경우도 많다는 거죠. 이건 사실상 하나님을 수단으로 삼고 있는 것 아닐까요?

사회자 아, 그래서 미가 선지자는 하나님께서 진짜 원하시는 제사가 무엇인지 말하고 있는 거군요.

미가 네, 바로 하나님께서 원하시는 것은 삶의 예배죠. 예배 의식이 필요하지 않다는 말은 아니에요. 하지만 예배 의식 자체에 함몰되지 말라는 거예요. 하나님이 우리에게 요구하시는 것은 정의예요. '미슈파트'라고 하죠. 그리고 사랑이에요. 그리고 하나님과 함께 겸손하게 걸어가는 거죠. 그런데 유다는 예배를 드린다고 하면서 하나님께서 원하시는 예배를 드리지 않았던 거예요. 그냥 자기들의 탐욕을 채우기 위해서 하나님을 이용하면서 제사를 드린 겁니다.

2. 평화

사회자   미가님의 말씀을 듣고 나니, 저도 스스로를 돌아보게 되는군요. 자 그럼 여기에서 찬양팀 미가가 작곡한 찬양 한 곡, 듣고 갈까요? 미가서 4장 2절에서 4장 4절의 말씀을 모티브로 만든 찬양이죠. "칼을 쳐서 보습을"

[칼을 쳐서 보습을 : 미가 4장 2절~4절]

2 곧 많은 이방이 가며 이르기를 오라 우리가 여호와의 산에 올라가서 야곱의 하나님의 전에 이르자 그가 그 도로 우리에게 가르치실 것이라 우리가 그 길로 행하리

라 하리니 이는 율법이 시온에서부터 나올 것이요 여호
와의 말씀이 예루살렘에서부터 나올 것임이라

3 그가 많은 민족 중에 심판하시며 먼 곳 강한 이방을
판결하시리니 무리가 그 칼을 쳐서 보습을 만들고 창
을 쳐서 낫을 만들 것이며 이 나라와 저 나라가 다시
는 칼을 들고 서로 치지 아니하며 다시는 전쟁을 연습
하지 아니하고

4 각 사람이 자기 포도나무 아래와 자기 무화과나무 아
래 앉을 것이라 그들을 두렵게 할 자가 없으리니 이는
만군의 여호와의 입이 이같이 말씀하셨음이니라

사회자 미가서의 이 말씀은 여러 찬양팀에 영감을 주었는데
요. 이미 "오라 우리가 여호와의 산에 올라", 이런 찬
양도 있죠. 그런데 찬양팀 미가는 "칼을 쳐서 보습을"
이라는 제목으로 찬양곡을 지었군요. 이사야서에도
나오는 표현이죠. 제가 알기로는 이 말씀에 시온이 등
장하는데요, 이사야나 미가나 모두 시온사상에 대한
얘기를 하고 있죠. 이 말씀으로 찬양곡을 지은 특별한
이유가 있을까요?

미가 사실 굉장히 조심해서 이해해야 하는 부분이에요. 유

대인들은 유대 민족 중심의 배타적 시온사상을 얘기하기도 하거든요. 그런데 성경이 얘기하는 것은 전혀 달라요. 종말에 이루어질 시온의 모습을 그리고 있죠. 그리고 신약에서는 교회를 통해서 이루어질 모습을 그리고 있어요. 회복된 예루살렘, 회복된 시온의 모습은 어떤 모습일까요? 미가가 바라본 유다의 모습은 약육강식의 사회였죠. 힘이 있는 자가 힘이 없는 자를 착취하는 사회예요. 그런데 종말의 시온에서는요? 하나님의 구원이 지역과 인종과 문화를 뛰어넘게 돼요. 그리고 하나님의 율법이 그곳에서 강물처럼 흘러나와요. 그 결과가 무엇일까요? 칼이 아니라 보습이죠. 착취가 아니라 평화가 가득한 곳이 돼요. 새로운 삶의 가치가 이루어지는 사회죠. 이사야에서는 뱀이 아이를 물지 않는 것으로도 묘사하고 있어요.

사회자　아, 미가는 이런 착취의 세상에서도 소망을 놓지 않았군요. 평화의 사회를 말이죠.

미가　네, 하지만 한 가지 우리가 기억해야 할 부분이 있어요. 이런 사회를 반드시 예수님이 재림한 이후에 이루어질 사회라고 말하면서 그냥 손 놓고 있어서는 안 돼요. 이런 미움과 증오는 이미 예수님의 십자가를 통해서 극복이 됐어요. 허물을 용서하고 평화를 구현하는 공동체를 이미 우리에게 주셨어요. 구약에서 말하는 시온 공동체는 오늘날 교회를 말하는 거예요. 그러므로 교회는 주님의 십자가를 본받아, 이 세상에 평화를 말하는 공동체가 되어야 해요. 그래서 그런 마음으로 이 찬양을 지었어요.

3. 메시아

사회자   왜 마지막 주제가 메시아인지 알 것 같아요. 성탄절 때 교회에서 자주 부르는 찬송가죠? 우선 찬송가 120장을 찬양팀 미가의 목소리로 들어보겠습니다. "오 베들레헴 작은 골"

미가   네, 이 찬송가는 미가서 5장 2절에 나오는 메시야 예언을 모티브로 만들어진 찬양입니다. 제가 미가 5장 2절을 먼저 읽고 함께 찬송가 120장을 불러보겠습니다.

> "베들레헴 에브라다야 너는 유다 족속 중에 작을찌라도 이스라엘을 다스릴 자가 네게서 내게로 나올 것이라 그의 근본은 상고에 태초에니라"(미가 5:2)

사회자 네, 찬양팀 미가의 목소리로 찬송가 120장을 함께 불러보았습니다. 미가서 5장 2절은 메시야의 출생 장소를 예언한 구절로 유명하죠. 헤롯왕이 이 성경 구절을 가지고 베들레헴에 있는 유아들을 학살하는 사건이 일어났고요. 하지만 결국 우리의 소망은 예수 그리스도이시죠.

미가 네, 사실 저는 베들레헴이라는 지역에 주목했어요. 예루살렘보다 훨씬 작은 도시였죠. 그렇게 유명한 곳이 아니었어요. 그런데 왜 하필 베들레헴에서 메시야, 즉 예수 그리스도께서 탄생하셨을까요? 바로 베들레헴이 다윗의 고향이기 때문이죠. 다윗에게 하신 언약이 성취된 거예요.

사회자 미가서도 하나님의 언약에 바탕을 두고 있는 성경이군요.

미가 네, 하나님의 긍휼과 언약이 '베들레헴'이라는 한 지역으로 설명되고 있는 것 아닐까요? 이렇게 억압과 착취가 난무하는 세상에 평화의 왕이 오시는 것, 그것 외에는 희망이 없는 거죠. 미가서도 예수 그리스도를 드러내고 있는 거랍니다. 구약의 선지자들이 끊임없이 증언했던 분, 바로 메시야, 바로 예수 그리스도입니다.

사회자   이제 우리는 미가서의 이 예언이 성취된 시대를 살아가고 있는 거군요.

미가   네. 하지만 주님의 정의와 주님의 평화가 시온 공동체인 교회를 통해서 실천되고 있는지를 늘 생각해 보아야 하지 않을까요? 저희 찬양팀은 주님이 이루신 이 평화가 우리 찬양팀의 입술을 통해서 증거되기를 소망합니다.

사회자   네, 오늘은 찬양팀 미가를 통해서 미가 선지자가 외쳤던 세 가지 주제, '정의', '평화', 그리고 '메시아'를 함께 나눠보았습니다. 찬양팀 미가의 소망이 이뤄지기를 함께 기도하겠습니다. 오늘 찬양과 묵상 시간은 이것으로 마치겠습니다. 감사합니다.

나훔

니느웨에서

　　이라크 북부지역 '모술'은 마치 중동의 메트로폴리스 같다. 아랍인 뿐만 아니라 아시리아인과 쿠르드인, 유대인 등 수많은 소수 민족이 공존하고 있다. 유대인들은 바벨론 유수 때 건너온 후손으로 추정된다. 인종의 다양성만큼이나 종교도 다양하다. 이슬람의 시아파와 수니파뿐만 아니라, 아르메니아 정교, 시리아 정교, 개신교 등 기독교 교인들이 함께 공존하고 있다. 기독교에서 이단으로 정죄받기는 했지만, 네스토리우스파도 존재하고 있는 다양성의 도시다. 심지어 역사책에서나 보았던 조로아스터교 신자도 존재하는 곳이 바로 니느웨 모술이다. 하지만 인종과 문화, 종교적 다양성이 공존하던 니느웨의 모술 지역은 이슬람국가(IS)로 인하여 반달리즘(문화유산파괴)의 현장이 되었다.

이슬람 국가(IS)가 니느웨 모술에 행했던 폭력과 학살의 흔적은 여전히 곳곳에 남아 있었다. IS는 요나의 묘지가 있는 곳으로 알려진 이슬람의 모스크를 파괴했다(*요나는 이슬람 경전인 코란에도 기록되어 있으며 이슬람은 요나도 선지자로 따른다. 실제 요나의 묘지인지는 정확히 알 수는 없다). 모술은 이라크에서 기독교인이 가장 많은 곳이기도 하고, 아시리아 제국의 후예들인 아시리아인들이 소수의 기독교인(*종파는 다양하다)이 되어 머물러 있는 곳이기도 하다. 이런 니느웨를 점령한 IS는 폭력과 파괴가 무엇인지 보여주었다. 595년에 세워진 수도원을 파괴했으며, 아시리아 정교의 성모마리아 교회도 파괴했다. 10세기에 건축된 성마르쿠스 교회도 파괴했다. 기독교 공동묘지도 불도저로 밀어버렸다.(*중앙선데이, "우상숭배 정화한다며 '요나의 묘지' 폭탄으로 날려", 2017.7.23.자 기사 참조)

이런 반달리즘의 현장에서 갑자기 니느웨 멸망을 선포한 나훔이 떠오른 건 우연이었을까? B.C. 612년에 무너진 앗수르의 수도 니느웨. 얼마나 처참하게 무너졌으면 1845년 영국의 고고학자 헨리 레이어드가 발굴하기 전까지는 그 존재조차 의심받던 곳이 바로 니느웨였다. 나훔서에 등장하는 앗수르의 폭력과 잔인함은 단순히 2,600년 전의 역사가 아니었다. 그 잔인함과 악행이 21세기까지 끈질기게 이어져 오고 있다고 생각하니 마음이 아팠다. 평화의 왕으로 오신 주님이 이런 세상을 향해 눈물 흘리시고 십자가를 지셨지만, 아직 완전한 주님의 날은 오지 않았다. 주님 다시 오실 때까지 내가 걸어가야 할 길이 어떠한 길인지 니느웨에서 고백하게 된다.

지금의 IS처럼 그 당시는 앗수르가 바로 이런 폭력과 잔인함의 대명사였다. 헨리 레이어드가 니느웨에서 발굴한 유적에서도 그 잔인함은 여실히 드러난다. 대영 박물관에 소장되어 있는 니느웨의 유적을 보면, 잔인한 호러영화의 한 장면을 보는 것만 같다. 사람을 꼬챙이로 찔러서 매달아 놓은 장면, 산 채로 피부를 벗기는 장면, 칼로 목을 자르는 장면, 해골의 무덤을 만드는 장면, 포로들의 눈을 단창으로 찌르는 장면, 정복한 왕의 머리를 정원의 장식용으로 걸어 놓고 파티를 하고 있는 장면 등이 니느웨에서 발굴된 부조에서 묘사된다. 앗수르의 왕들이 북이스라엘과 남유다에게 가했던 잔인함이 바로 이런 것들이었다.

갑자기 요나가 측은해졌다. 이런 잔학한 나라의 수도 니느웨에 가서 회개를 선포하라고 하시다니. 게다가 회개를 하자 이런 도시를 용서해 주시다니. 그런 하나님의 마음을 과연 이해할 수 있었을까. 대영박물관의 앗수르관을 방문하면 우리가 나를 쉽게 판단할 수 없음을 알게 된다. 한편, 요나를 통해 우리는 유대인의 선민사상이나 민족주의적 관점으로 구약을 읽어서는 안된다는 것도 알게 된다. 우리가 요나를 통해 발견할 수 있는 것은 우리의 마음으로는 도저히 따라갈 수 없는 하나님의 거룩, 그리고 하나님의 헤세드이다.

그런데 나훔서에 이르면 상황이 역전된다. 니느웨의 눈물은 잠깐이었다. 노하기를 더디하시는 하나님께서 그들에게 기회를 주셨지만 그들은 폭력성을 포기하지 않았다. 모든 사람들이 앗수르의 멸망을 기뻐할 정도로 그들은 잔인했다. 이방 민족이어서가 아니다. 성경은 그런 민족주의적 폐쇄성을 지지하지 않는다. 요나가 모든 열방을 향한 하나님의 헤세드를 보여주었다면, 나훔은 모든 열방을 향한 하나님의 정의와 분노를 보여준다. 그래서 요나와 나훔은 함께 읽어야 한다.

IS가 파괴한 현장을 보면서 그런 생각이 들었다. 바벨론이 요한계시록에서 모든 악을 대표하는 상징적인 국가로 등장한 것처럼, 니느웨와 앗수르도 이런 악을 대표하고 있구나. 나훔서에 등장하는 니느웨는 악의 대명사였다. 모술에서는 IS가 이 시대의 니느웨인 것이다. 누가 이들의 멸망을 슬퍼하겠는가. 베일리는 나훔서를 이렇게 평가했다.

"나훔서는 압제당하는 모든 자들에게 시대와 문화를 초월해서 소망의 횃불이 되었다."

니느웨의 멸망은 종말의 모습을 보여준다. 하나님께서 모든 악을 물리치시고 어린양의 신부인 자신의 사람들을 구원하실 것이다. 그러므로 나훔은 사실상 위로의 책이다. 하나님의 심판과 하나님의 구원을 믿는 모든 자들의 눈물을 닦아주는 선지서다.

예수님의 오심으로 이미 하나님의 나라는 시작되었다. 하지만 예수님이 다시 오실 때까지 21세기 앗수르는 여전히 이 땅에서 공존할 것이다. 그럼에도 불구하고 결국은 주의 백성이 승리할 것이다.

한 가지 생각이 스쳐 지나갔다. 그런데 어떻게 승리할 것인가. 니느웨의 방식이 되어서는 안 된다. 성경은 십자가의 방식을 말한다. 무력해 보이는 십자가의 방식으로 승리할 것이다. 칼을 의지했던 니느웨는 흔적도 발견하기 힘들 정도로 멸망했지만 십자가를 지신 예수 그리스도의 나라는 영원할 것이다. 우리는 그 길을 따라가는 그리스도인들이다. 우리의 방식은 십자가가 되어야 한다. 폭력과 파괴의 현장, 니느웨 모술에서 주님의 십자가를 떠올린다. 주님이 다시 오실 때, 이 참혹한 파괴의 현장이 평화의 동산이 될 것임을 믿는다.

주여, 어서 오시옵소서.

하박국

하박국 선지자에 대한 추도사

하박국 선지자가 하나님의 부름을 받은 지 벌써 많은 시간이 흘렀습니다. 하지만 하박국 선지자와 그가 남긴 글을 잊지 않고 기억하는 수많은 사람들이 있습니다. 그래서 이 자리에 이렇게 많은 동료와 선배, 후배가 오신 것이라 생각합니다.

하박국은 참 독특한 선지자였습니다. 무슨 질문이 그렇게 많은지 동기들 사이에서는 종교철학자라는 별칭도 갖고 있었습니다. 대개의 선지자들은 하나님의 말씀을 받으면 그걸 선포하는 데 익숙했습니다. 그런데 하박국은 끊임없이 하나님께 질문했습니다. 매우 철학적이고 원론적인 질문이었습니다. 무슨 질문을 저렇게 던질까, 조금 이상하게 보이기도 했습니다. 하지만 돌이켜 보면 하박국이 그런 질문을 던진 것은 당연한 게 아니었을까요? 하박국이 살았던 시대가 어떤 시대였습니까? 부정과 부패의 시대였습니다. 예루살렘에는 힘 없는 자들이 쓰러져가고 있었습니다. 가진 자들이 연약한 자들을 짓누르고 있었습니다. 심지어 유다의 여호야김 왕은 선지자도 처형할 정도로 잔인한 왕이었습니다. 하박국은 누구보다 하나님을 신실하게 믿은 선지자였습니다. 어떻게 공의와 정의를 실행하시는 하나님이 이런 시대를 용납하시는 걸까? 그게 궁금했던 겁니다.

제가 알고 있는 하박국을 떠올려 보면, 하박국의 질문은 의심의 산물이 아니라 믿음의 산물이었던 같습니다. 믿었기에 질문한 거죠. 하박국은 신실하고 진지한 선지자였습니다. 하박국은 의인의 고통과 악인의 형통을 왜 그대로 두시는지 하나님께 질문했습니다. 하박국이 저에게 급하게 달려왔던 그날의 기억이 아직도 생생합니다. 하박국은 당황스러운 얼굴로 저에게 말했습니다.

"하나님이 내 질문에 답변을 주셨어. 그런데 이상해. 어떻게 바벨론을 사용하여 유다의 죄악을 심판하실 수가 있는 거지? 유다보다 훨씬 더 잔인한 민족이 바벨론 아닌가? 그런데 어떻게 갈대아 사람, 바벨론을 통해서 유다를 심판하시려는 걸까? 아, 이건 내가 원한 답변이 아닌데..."

하박국은 마치 자신이 욥이 된 것처럼 느껴진다고 말했습니다. 맞습니다. 사실 저도 하박국이 욥과 닮았다고 생각했습니다. 하나님의 선하심을 믿기에 하나님께 끈질기게 질문한 욥. 하박국은 욥을 닮았습니다. 아니나 다를까, 하박국은 다시 끈질기게 하나님께 질문했습니다.

"아니, 어떻게 더 악한 바벨론을 사용하실 수가 있는 겁니까?"

하박국의 두 번째 질문에 하나님은 어떻게 답변하셨을까요?

하박국이 다시 저에게 급하게 달려왔습니다. 그리고 큰 소리로 저에게 말했습니다.

"오직 의인은 그의 믿음으로 말미암아 살 것이다."

뜬금 없는 소리 같았습니다. 왜 바벨론을 심판의 도구로 사용하냐는 질문에 하박국은 '믿음'이라는 답변을 얻었다고 말했습니다. 그 밤에 하박국과 나눴던 대화는 저의 신학과 가치관을 송두리째 흔들어 놓았습니다. 하박국이 그 밤에 저에게 했던 말들을 기억나는 대로 말씀드려 보겠습니다. 하박국은 저에게 이렇게 말했습니다.

"나는 그분의 존재 자체를 묵상하지 못했네. 하나님이 주시는 복에만 집중했지. 그러니까 이 상황이 해결돼야만 한다고 생각했어. 가장 큰 복이 하나님 자신이라는 것을 생각하지 못한 거지. 그분의 존재 자체를 즐거워하지 않았던 거야. 무화과나무가 무성하지 않으면 하나님을 원망했네. 포도나무의 열매를 보고, 그리고 감람나무의 소출을 보고 하나님을 판단했어. 하지만 이제 알았네. 하나님께서는, 하나님의 때에, 하나님의 정의와 공평을 이루실 거야. 바벨론도 결국 징계의 막대기에 불과해. 그 악을 버리지 않는 한, 하나님께서는 바벨론도 심판하실 거야. 하나님이 모든 세상의 주관자라는 것을 나는 놓치고 있었네. 하나님이 창조주요, 구원주라는 그 믿음으로 살아야 한다는 것을 내가 간과했던 거야. 이제 욥의 마음을 알 것 같네. 하나님을 하나님으로 인정하는 것, 그게 내 질문에 대한 하나님의 답변이야. 그런데 신기하게 그 믿음을 고백하자마자 하늘로부터 오는 평안이 나를 감쌌네. 이상하지 않은가? 여전히 유다의 상황은 달라지지 않았어. 부정과 부패는 여전히 공기처럼 내 주위를 맴돌고 있지. 상황이 달라진 게 아니라 내가 달라진 거지. 하나님의 하나님 되심을 인정하는 순간, 모든 상황과 문제들이 전혀 다르게 보였다고나 할까?"

이 자리에 하박국 선지자를 추모하기 위해 오신 모든 분들에게 감사드립니다. 여전히 오늘 이 공간에도 악과 불의는 판을 치고 있습니다. 분명 우리는 이 악과 불의에 대항하여 싸워야 합니다. 그래도 우리가 경험하는 상황은 달라지지 않을 수도 있습니다. 하지만 하나님은 하나님의 섭리 안에서 공의와 정의를 이루실 것입니다. 오직 하나님의 하나님 되심을 인정하는 그 믿음으로 살아갑시다.

오직 의인은 믿음으로 살 것입니다. 그리고 즐거워합시다. 하나님의 존재 그 자체로 즐거워합시다. 그게 바로 하박국 선지자가 이 땅에 남겨진 여러분들에게 바라는 한 가지일 겁니다. 감사합니다.

PS

하박국의 '오직 믿음'이라는 구호는, 바울을 거쳐 루터와 칼빈에게 큰 영향을 미쳤다. 하박국 선지서에 메시아에 대한 구체적인 예언이 나오지는 않지만, 이 땅에 오신 예수 그리스도가 바로 하나님의 공의라는 사실을 우리는 알고 있다. 오직 의인은 그 믿음으로 살 것이다.

스바냐

소설 <요시야>

　서기관 사반의 발걸음이 급했다. 마치 사슴과 노루처럼, 왕의 처소에 들어가자마자 사반이 헐떡거리는 숨을 참아가며 외쳤다.

　"왕이시여, 힐기야 대제사장이 성전에서 율법책을 발견했습니다. 여기에 적힌 내용을 읽어보셔야 할 것 같습니다."

　B.C. 622년, 성전에서 율법책이 발견됐다. 사반이 율법서의 내용을 한 문장, 한 문장 읽어내려갈 때마다 요시야의 가슴은 뜨겁게 달아올랐다. 도저히 견딜 수가 없었다. 할아버지 므낫세 왕이 저지른 죄악의 날카로움이 율법책 한 구절, 한 구절 속에 살아 움직이는 듯했다. 율법책이 도리어 비수가 되어 요시야의 가

슴을 찌르는 듯했다. '할아버지가 좀더 일찍 회개했더라면 역사는 달라졌을까요?' 요시야는 마음 속으로 외쳤다.

바알과 아세라를 숭배했던 할아버지, 성전 뜰에 일월성신을 위한 제단까지 두었던 므낫세왕의 죄악이 온 유다를 물들여 놓았다. 선지자들은 므낫세의 칼을 맞았고, 예루살렘은 어느새 압제자의 성읍이 되어 있었다. 약자들의 울음은 강이 되고 바다가 되었다. 할아버지 므낫세 왕이 55년간 나라를 통치하는 동안, 그리고 아버지 아몬왕이 쿠데타로 살해당하기 전 2년의 기간 동안 유다는 바알의 나라가 되었고 아세라의 나라가 되었다. 온갖 미신과 혼합 신앙이 유다의 골목골목마다 흘러넘치고 있었다. 요시야는 율법책이 발견된 그날, 옷을 찢었고, 마음을 찢었다. 요시야의 머릿속에는 스바냐 선지자가 소리쳤던 '여호와의 날'이 떠올랐다.

"왕이시여, 여호와의 날은 구원의 날이 아니라 심판의 날이 될 것입니다. 그날은 분노의 날이 될 것이며, 고통의 날이 될 것입니다. 황폐하고 캄캄한 날이 될 것입니다. 심지어 노아의 홍수 때에 죽지 않았던 물고기마저 멸망하는 날이 될 것입니다. 공의를 구하여야 합니다. 겸손을 구하여야 합니다. 하나님을 구하여야 합니다"

스바냐는 여호와의 날에 사라질 나라를 구체적으로 하나 하나 말했다. 서쪽에 있는 블레셋이 멸망할 것이라고 했다. 동쪽에 있는 모압과 암몬이 소돔처럼 사라질 것이라고 했다. 남쪽에 있는 구스가 죽임을 당할 것이라고 했다. 북쪽에 있는 앗수르가 사막처럼 메마르게 될 것이라고 했다.

스바냐의 예언은 거기에 머무르지 않았다. 결국 스바냐의 입에서는 유다와 예루살렘이라는 이름이 나오고 말았다. 스바냐는 패역하고 더러운 곳, 포학한 성읍이라 불렀다. 예루살렘을.

하나님을 의뢰하지 않는 나라. 지도자와 판사들의 뇌물이 온 땅을 채우는 나라. 심지어 선지자들이 경솔하고 간사한 나라. 제사장들이 성소를 더럽히고 율법을 범하는 나라. 유다의 민낯을 스바냐는 그렇게 묘사했다.

"이방인은 심판을 받고 이스라엘은 구원을 받는 날, 그게 여호와의 날이 아닌가요?"

요시야는 조심스럽게 스바냐에게 물었다.

"왕이시여, 유다 사람들이 하나님에 대해 말하는 소리를 들어보셨습니까? 하나님은 복도 내리지 않고 화도 내리지 않는 분이라고 말하고 있습니다. 그러면서 이방신들과 여호와를 함께 섬기고 있지 않습니까? 사회에는 부정과 부패가 만연하지 않습니까? 하나님이 없어도 된다는 교만이 온 땅에 가득하고, 우상숭배는 유다의 일상이 되었습니다. 하나님은 의로우신 분입니다.

불의와 착취와 포악과 폭력을 싫어하는 분입니다. 지금 유다의 존재는 하나님의 오래참음의 결과일 뿐입니다. 그런데 사람들은 오래참음을 무능함으로 오해하고 있지요. 하지만 여호와의 날이 오면 그 모든 죄악들을 벌하시고 멸하실 것입니다. 유다도 예외는 아닙니다. 늦지 않게 여호와께 돌아와야 합니다."

율법의 말씀을 들으면서 요시야는 스바냐의 말을 하나 하나 떠올리고 있었다. 스바냐의 마지막 말이 뇌리를 스치고 지나갔다. 놀랍게도 마지막 말은 심판이 아니라 구원이었다.

"왕이시여, 여호와의 날은 우리 시대에 임할 것입니다. 하지만 여호와의 날은 먼 훗날에 이루어질 날이기도 합니다. 그날은 심판의 날이며, 구원의 날입니다. 그날에는 유대인, 이방인 구분할 것 없이 하나님을 믿는 모든 자들이 구원을 얻을 것입니다. 영적 예루살렘이 하나님의 구원을 기뻐하며 노래할 것입니다. 하나님은 믿는 자들을 기뻐하십니다. 하나님은 긍휼이 많은 분입니다. 온 천하 만민 가운데 명성과 칭찬을 얻게 하실 것입니다. 그날은 범우주적인 날이 될 것입니다. 그 일은 하나님께서 이루실 것입니다. 왕은 지금 이 자리에서 왕의 일을 하소서"

스바냐의 외침을 떠올리면서 요시야는 왕궁에 모여있는 관리들과 장로들에게 말했다.

"모두들 듣거라. 나는 할아버지 므낫세, 아버지 아몬과는 다를 것이다. 무너진 유다의 신앙을 다시 세울 것이다. 마음을 다하고 뜻을 다하여 여호와를 순종하는 신앙을 다시 회복할 것이다. 물론 나의 개혁만으로 유다의 죄악을 모두 없앨 수 없다는 것을 알고 있다. 모든 것은 하나님의 섭리 안에서 이루어질 것이다. 하지만 나는 이곳에서 나의 일을 할 것이다. 모두들 듣거라. 바알과 아세라와 모든 우상들을 제거하라. 아이들을 제물로 바치는 악습도 없애라. 오직 여호와만을 섬겨라. 약자를 보호하고 사회 정의를 구축하도록 제도를 정비하라. 여호와의 날에 심판을 두려워하는 자들이 아니라, 구원을 즐거워하는 자들이 되자."

다음날 제단 앞에는 수많은 백성들이 모였다. 사라졌던 율법의 말씀이 그들의 귀에 들려지고 있었다.

학개

학개의 수필 <무너진 성전터를 걷다>

바람이 불었다. 바람에 흩날린 모랫가루가 내 눈을 찔렀다. 65년 전 바벨론의 병거가 일으킨 모랫바람이 이런 것이었을까? 벌써 강산이 몇 번이나 바뀌고도 남았을 시간일 텐데, 저 구석에 불에 타 그을린 예루살렘 성전의 잔해가 눈에 띈다.. 성벽은 가루가 되었고, 성 내부는 들짐승들의 놀이터가 되었다. 아직 그때의 피비린내가 남아 있는 듯, 속이 울렁거린다. 조용히 눈을 감고 마음 속이 진정되기를 기다려 본다.

　B.C. 586년 유다의 멸망으로 모든 것이 끝난 줄 알았다. 페르시아 고레스왕이 모든 민족에게 종교의 자유를 선포한 건 예언

성취의 서막이었다. 벨사살 왕을 밀어내고 바벨론 성에 무혈입성한 페르시아의 고레스왕이 베푼 선물이었지만, 내게는 하나님의 섭리로 보였다. 예레미야가 예언했던 귀환의 역사가 내 눈 앞에 펼쳐지고 있었던 것이다.

B.C. 538년이 지나고 스룹바벨이 포로들과 함께 귀환할 때, 나도 그 무리 중에 있었다. 모두들 새로운 시작이라며 희망에 부풀어 있었다. 고단한 사막길을 가로지르면서도 웃음소리가 끊이지 않았다. 게다가 스룹바벨은 다윗의 후손이 아닌가. 사람들은 스룹바벨을 보며 '바로 저 사람이 메시아가 아닐까?' 하고 수군거렸다. 귀환 공동체의 앞에는 유토피아가 기다리고 있는 것만 같았다.

우선은 성전을 지어야 했다. 성전은 하나님 임재의 상징이었다. 유다로 귀환한 공동체가 누구인지를 드러내는 정체성의 징표였다. 여전히 다윗의 언약은 살아있으며, 돌아온 귀향민들도 그 다윗 언약의 후손이라는 것을 드러내는 가시적인 건물이었다. 성전은 과거와 현재를 이어주는 언약의 표징이었을 뿐만 아니라 현재와 미래를 연결하는 희망의 상징이기도 했다. 이제 성전을 짓고 이곳에서 새로운 삶을 시작하자 다짐했다.

하지만 유토피아에 대한 기대가 신기루처럼 사라지는 데에는 그리 오랜 시간이 걸리지 않았다. 사마리아를 비롯한 주변 민족들의 저항은 상상이었다. 더 힘든 것은 공동체 내부의 절망감이 었다. 유다로 돌아왔지만 달라진 건 없었다. 갑자기 하나님께서 저 하늘에서 성전과 집을 지을 만한 황금비를 내려주시는 것은 아니었다. 기대가 무너지자 목표는 방향을 잃었고 손목의 힘은 사라져갔다. 그리고 성전공사가 중단된 지 거의 16년이 흘러갔다. 조용히 눈을 뜨고 다시 성전터를 바라본다. 마음이 조금 진정이 된 것 같다.

B.C. 520년, 다리오 왕 제 이년 여섯째 달 초하루에 하나님의 말씀이 내게 임했다. 예루살렘 성전 재건을 더 이상 미루지 말라는 말씀이었다. 많이 뿌려도 수확이 적은 이유가 무엇인지 알려 주셨다. 먹어도 배부르지 못한 이유가 무엇인지 알려 주셨다. 입어도 따뜻하지 못하며, 벌어도 쌓이지 않는 이유가 무엇인지 알려주셨다.

나는 바로 다음날 유다 귀환 공동체를 소환했다. 하나님의 집을 건축하지 않은 것이 그 이유라고 외쳤다. 우선순위를 놓쳤다고 외쳤다. 자기들의 집만 고치느라 하나님의 집은 황폐하게 남겨두었다고 말했다. 20년간 쌓였던 감정들이 한꺼번에 폭발한 것 같았다. 나의 목소리도 그러했고 회중들의 반응도 그러했다. 모인 회중들은 입을 굳게 다물고 조용히 눈물을 흘렸다.

이 눈물들은 금세 통곡의 바다가 되었다. 귀환 공동체의 리더인 총독 스룹바벨과 대제사장 여호수아의 눈물도 회중들의 눈물샘을 자극했다. 실로 오랜만에 우리의 마음이 하나가 되었다. 이제 내일부터 성전 재건의 역사가 다시 시작될 것이다. 무너진 이 성전터 위에 조그마한 모퉁잇돌이 놓이고 기둥이 올라갈 것이다. 예레미야와 스바냐의 예언이 우리에게 다시 성취될 것이다.

하나님의 임재! 과거와 현재와 미래의 영원한 희망이다. 몇 년 뒤 다시 세워질 스룹바벨 성전을 떠올리며, 조용히 무너진 성전터를 거닐어 본다.

PS

B.C. 520년에 학개에 임한 하나님의 말씀으로 귀환 공동체는 중단된 성전 건축을 다시 시작했다. 결국 B.C. 516년에 스룹바벨 성전이라고도 불리는 예루살렘 성전이 다시 완공되었다. 솔로몬 성전이 무너진 지 70년 만에 일어난 일이다. 하지만 학개서에서 말하는 성전 건축을 오늘날의 교회당 건축과 동일시해서는 안된다. 하나님의 임재의 상징이었던 예

루살렘 성전은 헤롯 성전으로 다시 완공되었으나 A.D. 70년 로마에 의해 완전히 무너졌으며 지금은 통곡의 벽만 남아 있을 뿐이다. 신약성경은 성전을 예수 그리스도와 예수 그리스도를 믿는 교회 공동체로 설명한다. 공적인 예배와 모임을 위한 교회당 건물은 필요할지 모른다. 하지만 오늘날의 교회당 건물은 성전으로서의 의미는 갖지 않는다는 점을 기억하여야 한다. 예수님이 성전이요, 예수님과 연합한 성도가 성전이요, 바로 그 성도들의 모임이 성전이다.

스가랴

저자에게 묻다 (스가랴 선지자와의 인터뷰)

사회자   안녕하세요? 저는 사회자 김요한입니다. 신약에서 가
                장 많이 인용하는 구약의 선지서 중 하나죠? 그리고
                환상으로 가득한 책이라서 해석하기도 쉽지 않은 선
                지서입니다. 오늘은 스가랴 선지자를 모시고 '저자에
                게 묻다'의 문을 활짝 열어 보겠습니다. 박수로 환영
                해 주세요.

스가랴   안녕하세요? 반갑습니다.

사회자   안녕하세요? 스가랴님. 이렇게 어려운 발걸음을 해
                주셔서 감사합니다. 저희 프로그램은 독자들이 질문

을 하고 저자가 답변을 하는 식으로 진행됩니다. 자, 그럼 첫 번째 질문을 드려보겠습니다. 신림동에 사시는 신명님의 질문인데요. "스가랴 1장 3절을 보면 하나님께서 이스라엘 백성에게 돌아오라고 말씀하시잖아요? 그런데 이미 이스라엘은 페르시아의 고레스왕을 통해서 예루살렘에 귀환한 것으로 알고 있습니다. 그런데 왜 돌아오라고 하신 걸까요? 이해가 잘 되지 않습니다."

스가랴 　네, 좋은 질문입니다. 사실 제가 사역을 한 시기는, 학개 선지자가 두 달 정도 빠르긴 했지만 학개 선지자의 시기와 거의 일치합니다. 둘 다 성전 건축을 둘러싸고 예언을 했죠. 학개는 성전 건축 자체를 강조했지만 저는 성전 건축의 의미가 무엇인지를 전달하려고 했어요. 질문하신 신명님의 말씀처럼 이스라엘은 예루살렘으로 돌아왔죠. 그리고 학개 선지자의 독려로 성전 건축이 시작됐습니다. 하지만 눈에 보이는 성전 건축에만 집중하면 안되는 거였어요. 성전의 참 뜻은 하나님의 임재입니다. 건물을 짓는 게 목적이 아니라 하나님이 거하실만한 공동체가 돼야 하는 거죠. 그 출발점이 뭘까요? 바로 회개입니다. 하나님께로 돌아가는 거죠. 스가랴 1장 16절을 보세요.

"그러므로 여호와가 이처럼 말하노라 내가 긍휼히 여기
므로 예루살렘에 돌아왔은즉 내 집이 그 가운데 건축되
리니 예루살렘 위에 먹줄이 치어지리라 나 만군의 여호
와의 말이니라 하셨다 하라"

이미 하나님은 이스라엘과의 언약을 지키기 위해서 이
스라엘에게 돌아왔습니다. 그러므로 이제 이스라엘이
하나님에게 돌아가야 하는 차례인 거죠. 저는 성전 건
축을 하는 이스라엘 백성들에게 그 사실을 말해주고
싶었어요. 회복의 출발점은 타인의 잘못에 대한 정죄
가 아니라, 스스로의 심각한 상태에 대한 자각이라는
것을 말이에요. 그리고 그 자각을 바탕으로 한 회개라
는 것을 말이죠. 그러면 하나님께서 용서해 주시고 회
복이라는 선물을 주십니다. 사실 저만 그렇게 선포한
건 아닙니다. 회개와 용서야말로 저를 비롯한 모든 선
지서에서 선포하는 주된 메시지예요. 그리고 회개의
본질은 바로 '돌아가는 것'이랍니다. 범죄에 대한 자
백을 뛰어넘는 거죠. 삶의 방향까지도 바꿔서 하나님

에게 돌아가는 것, 그것이 회개예요. 그래서 하나님께서 이스라엘에게 돌아오라고 말씀하신 겁니다.

사회자 아, 그렇군요. 그런데 제가 한 가지 질문을 드리겠습니다. 인간의 의지만으로 회개하는 것이 가능한가요?

스가랴 사회자님, 아주 날카로운 질문입니다. 회개는 우리의 행위이자 반응이에요. 하지만 회개도 하나님의 은총입니다. 그 회개조차도 하나님의 선물인 것이죠. 스가랴 12장 10절을 보세요. 하나님께서 은총과 간구하는 심령을 부어주신다고 표현하고 있습니다. 그게 바로 참된 회개의 출발점이 되는 겁니다. 회개가 타인을 정죄하는 이유가 되어서는 안 돼요. 우리도 회개할 수 없는 죄인이었지만 하나님께서 우리에게 회개하는 심령을 주신 거죠. 바로 성령님을 통해서 말이죠.

사회자 네, 성전 건축을 하면서 하나님께 돌아오지 않고, 그 행위 자체에 매몰될 수 있는 위험성을 지적하신 거군요. 회개가 핵심이군요. 그럼, 두 번째 질문을 드리겠습니다. 문정동에 사시는 민숙님의 질문입니다. "스가랴님. 앞 부분에 8가지의 환상이 나오잖아요. 환상을 해석하는 것이 너무 어려워요. 환상의 모양도 너무 신기하고요. 이 부분을 어떻게 읽어야 할까요?

스가랴   네, 그렇죠. 성경이 완성되기 전에는 하나님께서 선지
자들에게 꿈이나 환상을 통해서 말씀을 하셨어요. 문
제는 그 환상을 이해하는 것이 쉽지 않다는 거죠. 특
히 다니엘이나 요한계시록같이 묵시적인 성격을 지니
고 있는 경우에는 더 그래요. 그런데 스가랴서도 묵시
적인 성격을 가지고 있어요. 그래서 그 환상을 이해하
는 것이 쉬운 게 아니랍니다. 한 가지 팁을 드리면요,
저는 민숙님이 성경에 자주 등장하는 독특한 문학 구
조를 이해하셨으면 좋겠어요. 바로 '교차대구 구조'라
는 건데요, 8가지 환상도 이 구조로 보시면 이해가 좀
더 빠르실 거예요.

첫 번째 환상과 여덟 번째 환상에서 말이 나오면서 서
로 대구를 이룹니다. 그리고 두 번째 환상은 열방의 심
판, 일곱 번째 환상은 바벨론에 대한 심판으로 이해하
시면 됩니다. 서로 대구를 이루고 있죠. 세 번째 환상
은 예루살렘에 대한 측량 환상이에요. 대구를 이루고
있는 여섯 번째 환상은 예루살렘 정화에 대한 환상이
랍니다. 오늘은 시간이 길지 않아서 환상 하나 하나를
상세히 설명드릴 수는 없을 것 같아요. 그런데 이 환
상들 중에서 가장 중요한 환상들은 말씀드려야 할 것

같아요. 사회자님, 그렇다면 가장 중요한 환상이 뭐라고 생각하세요?

사회자 예전에 교차대구 구조를 배운 적이 있어요. 그렇다면 가장 중요한 환상은 가운데에 배치되어 있는 네 번째와 다섯 번째 환상이겠군요. 맞나요?

스가랴 대단하십니다. 제가 원하는 답변을 하셨어요. 3장 1절부터 네 번째 환상이 설명되죠. 천상에서 법정이 열리고 있는 환상이에요. 여호와의 천사가 판사로 나오고 사탄이 대제사장 여호수아를 공소한 검사로 나와요. 그리고 대제사장 여호수아가 더러운 옷을 입고 있는 피고로 나와요. 구약의 제사장들이 입는 옷과는 너무 다르죠. 그래서 사탄이 이렇게 더러운 옷을 입고 있는 여호수아를 책망해요. 사실 이런 복장은 죄악을 상징한다고 볼 수 있죠. 그런데 특이하게도 여호와께서는 사탄의 책망에 동의하지 않아요. 오히려 사탄을 책망하세요. 오히려 여호수아의 더러운 옷을 벗기신 후에 아름다운 옷을 입히시고 정결한 관을 머리에 씌워주세요. 무슨 의미일까요? 이스라엘 귀환 공동체의 죄악을 제하시고 다시 하나님 앞에서 정결한 백성으로 삼으신다는 의미겠죠. 그런데 이 환상에서 한 가지 특이한 장면이 등장해요.

사회자 뭔가요? 궁금한데요...

스가랴 3장 8절을 보시면 조건 없는 약속이 선포되고 있는데요, 바로 싹을 나게 하겠다는 거예요. 보통 구약성경에서 '싹'이나 '가지' 같은 용어는 메시아적인 용어로 사용돼요. 그러니까 스가랴서는 메시아의 오심을 예고하고 있는 성경이라고 할 수 있어요. 그런데 특이하게 이 싹은 제사장과 왕의 직분을 동시에 수행하는 것으로 묘사되고 있어요. 역사적으로만 이해하면 스룹바벨 총독이 그 시대의 메시아적 역할을 감당했다고 볼 수도 있습니다. 하지만 이 싹은 결국 다윗의 후손인 예수 그리스도를 가리킨다고 볼 수 있어요. 바로 이 싹을 통해서 죄악이 사라지고, 세상에서 정의와 공의가 실현되고, 평화의 시대가 도래하게 됩니다.

사회자 그렇지 않아도 송파구에 사시는 여호수아님이 이런 질문을 하셨네요. "스가랴 선지자님은 이 책을 통해 장차 오실 메시아, 예수 그리스도도 드러내고 있는 건가요?"

스가랴 네, 맞습니다. 저의 글에는 성부 하나님에 대한 설명만 있는 게 아니랍니다. 상당 부분은 메시아로 오실 성자 하나님에 대한 설명으로 채워져 있답니다. 9장 9절을 보세요. 그분은 왕으로 오실 거예요. 그런데 겸손의 왕으로 오세요. 말을 타고 오는 것이 아니라 나귀새끼를 타고 오시죠. 그리고 13장 7절에서 9절을 보세요. 그분은 참 목자로 오셔서 고난을 받으실 겁니다. 싹으로 오신 왕이요, 목자이신 메시아를 풍성하게 설명하고 있어요. 그래서 신약의 저자들이 이 글을 많이 사랑한다고 들었어요.

사회자   참, 아까 네 번째 환상만 말씀하시고 다섯 번째 환상은 말씀을 안 하신 것 같은데요. 다섯 번째 환상도 설명해 주세요.

스가랴   다섯 번째 환상은 순금 등대와 감람나무 환상이라고 이야기합니다. 순금 등대가 있고 그 곁에서 두 감람나무가 기름을 공급해 주는 환상이죠. 기름 부음을 받은 스룹바벨과 여호수아를 통해 여호와의 성전이 지어질 것을 드러내는 환상이에요. 그런데 훗날 사도 요한은 예수 그리스도를 성전을 건축하는 분으로 설명하죠.

사회자   이 환상들도 결국은 예수 그리스도께서 성전을 완성하시는 것으로 이어지게 되는 거군요. 스가랴님이 왜 중간에 있는 환상이 중요하다고 하신 건지 이유를 알 것 같습니다.

스가랴   네, 맞습니다. 하지만 또 하나 기억해야 할 것이 있습니다. 제 글에는 성령 하나님도 드러나고 있습니다. 제가 가장 좋아하는 구절 중의 하나인데요, 한 번 읽어드리겠습니다. 4장 6절 후반부를 읽어드리겠습니다.

"이는 힘으로 되지 아니하며 능력으로 되지 아니하고
오직 나의 영으로 되느니라"(스가랴 4:6)

스룹바벨은 성전 건축의 사명을 받았는데요, 스룹바벨이 오해하면 안되는 것이 있었어요. 바로 자기의 힘과 능력이 아니라 오직 성령의 능력을 의지해야 한다는 점이에요. 성전을 완성하는 것은 성령님의 능력인 거죠.

사회자   참 말씀을 들을수록 보물 같은 성경이라는 생각이 드는데요, 아쉽게도 시간 관계상 마무리를 해야할 것 같습니다. 마지막으로 스가랴서를 통해 한국 교회가 어떤 교훈을 얻을 수 있을까요? 이런 질문을 한 분이 남겨 주셨네요. 그 질문에 대한 답변을 듣고 오늘 순서를 마무리하도록 하겠습니다.

스가랴   제가 드리고 싶은 말씀은 거의 다 드린 것 같습니다. 몇 가지만 추가적으로 말씀드리겠습니다.

우선, 저는 이 성경에서 삼위 하나님을 발견하는 기쁨이 있었으면 좋겠습니다. 그리고 회복의 출발점이 회개라는 사실도 기억했으면 좋겠어요. 천만 성도라는 숫자를 보유한 한국 교회, 전 세계에서 가장 큰 교회당이 있다는 한국 교회가 그걸 자랑으로 삼기 시작하면서, 숫자와 건물이 우상이 된 게 아닐까 하는 생각이 들어요. 숫자를 앞세워 세상 속에서 교만한 모습으로 서 있지 않은지 돌아볼 필요가 있어요. 그리스도인은 교만할 수가 없는 자들이에요. 우리가 얼마나 더러운 옷을 입고 있었는데요.

다음으로 오직 하나님을 바라보기 원해요. 제 시대의 이스라엘은 성전 건축이 될 수 없는 여러 가지 인간적인 이유를 찾고 있었어요. 우리가 찾아야 할 것은 하나님이죠. 그렇지 않으면 하나님께서 주신 은사가 우상이 되고 사람이 하나님의 자리를 차지하게 될 거예요. 바벨론과 같은 세상은 숫자와 크기를 자랑하지만 거룩한 성 예루살렘은 오직 하나님의 임재를 갈망해요. 초라한 모습일지라도 하나님이 계신 곳이 아름다운 성전이요, 바로 여러분이 성전이라는 것을 기억했으면 좋겠어요. 이제 참 성전이신 예수님을 믿는 자들은 모두 성전이 되었으니까요. 또한 성전을 건축하는 과정을 잘 보세요. 스룹바벨과 여호수아의 상호협력을 통해 성전이 지어져가요. 하나님께서는 우리도 협력하고 사랑하기를 원하실 거예요. 한국 교회는 지나치게 개교회주의, 개인주의로 함몰되어 있는 것 같아요. 협력해야 해요. 무엇보다 나귀를 타고 예루살렘에 입성하신 예수님의 모습을 떠올렸으면 좋겠어요. 세상은 하나님을 의지하는 것이 아니라 많은 병마를 의지하죠. 하지만 예수님은 겸손하게 나귀를 타고 오셨어요. 한국 교회 역시 예수님이 걸어가신 겸손의 길을 걸어갔으면 좋겠어요.

마지막으로 고난을 이겨내는 한국 교회가 되기를 기도합니다. 성도들은 악의 세력으로부터 환난을 당할 수 있어요. 하지만 역설적으로 바로 그 고난이 그리스도의 승리에 참여하고 있음을 증명해 주는 거랍니다. 여러분 안에 임재하신 생수되신 예수님을 맛보고, 그 은혜를 공동체와 함께 나누며, 종말의 그날까지 기쁨으로 나아가는 성도님들이 되기를 기도합니다. 아멘.

말라기

하나님의 러브레터

사랑하는 유다야.

말라기를 통해서 나의 러브레터를 너에게 보낸다. 네 모습을 떠올릴 때마다 마음 한 켠이 아려온다. 바벨론에서 예루살렘으로 돌아왔을 때, 네 당황한 모습을 잊을 수가 없구나. 불에 타서 흔적만 남아 있는 예루살렘 성전, 여전히 곳곳에 흩어져 있는 전쟁의 흔적들. 심지어 그 곳의 사람들도 너를 환영하지 않았어. 하지만 다시 성전을 짓는다면 내가 주는 복을 다시 얻을 수 있을 거라고 생각했겠지. 학개와 스가랴가 말했어. 이 성전의 나중 영광이 더 클

거라고 말이야. 하지만 삶은 녹록하지 않았지. 가뭄은 연례행사처럼 네 땅을 방문했고 페르시아는 여전히 네 나라를 지배했어. 네 마음은 해가 지날수록 차가워졌어. 눈에 보이는 우상은 사라졌지만 네 마음 속에는 내가 사라져 갔지. 배신과 무관심은 둘 다 사랑의 반대말이 아닐까?

기억나니? 수시로 난 네게 사랑한다는 러브레터를 보냈어. 수많은 선지자들이 줄을 지어서 내 러브레터를 네게 보냈지. 그런데 네가 나에게 한 말 기억나니? 그 말은 고백이 아니라 조롱이었어. 차갑게 식어버린 마음의 소리였어. 언제, 어떻게 널 사랑했냐며 너는 내게 소리쳤어. 제사장들에게도 특별히 말했지. 내 이름을 존중하라고 말이야. 그때 제사장들도 내게 소리쳤어. 절대로 멸시한 적이 없다고 말이야. 스룹바벨 성전은 건축되었지만 너는 여전했어. 불평과 교만과 무관심이 너를 짓누르고 있었지.

네가 원한 건 내가 아니라 내 능력이 아니었을까? 네가 원한 건 내가 아니라 내 재물이 아니었을까? 너의 욕구를 채워주는 존재가 바로 나였던 것 아닐까? 나는 너의 존재를 원했지만 넌 나를 원한 게 아니었어. 내가 수단이었던 거지. 나에 대한 불신, 바로 그게 너의 상태였던 거야.

사랑하는 유다야.

내가 회개해야 하는 거니? 내가 잘못한 거니? 내 마음이 변한 걸까? 나는 주이며, 왕이며, 아버지이며, 남편이야. 오히려 네가 아버지를 서운하게 한 자식은 아니었을까? 오히려 네가 왕을 외면한 백성은 아니었을까? 나는 언약의 하나님이야. 약속을 지키는 하나님이야. 너를 향한 내 마음은 변한 적이 없어. 너를 향한 내 사랑은 변한 적이 없어. 나의 약속을 그렇게도 믿지 못하겠니?

난 네가 언약을 어길 때마다 마음이 아파. 죄의 자리를 나는 싫어해. 너의 죄에 내가 동참하기를 원하는 건 아니겠지? 약속을 지키지 않은 건 바로 너야. 바로 네가 나를 멸시한 거지. 생각해 보렴. 너는 항상 최선을 다해 제사를 드렸다고 말했어. 예전처럼 대놓고 우상숭배를 하지 않는다고 말했어. 삶이 팍팍하지만 십일조도 하고 있지 않냐고 말했어. 이 정도면 되지 않았냐고 말했지. 이렇게 했는데도 복을 안 준 나에게 문제가 있다고 따졌지.

유다야.

우리 솔직해지자. 나는 네 마음이 중요해. 나는 너를 원해. 내게 예배를 드렸다고? 정말로 그렇게 생각하니? 우상의 형상은 없다고 해도 네 마음 속에 과연 내가 있었니? 십일조를 드렸다고 하지만 십일조의 정신도 같이 따라왔었니? 가난한 자들을 착취한 그 손으로 헌금을 드린 건 아니니? 임금을 체불하고 과부와 고아를 압제한 그 손 말이야. 차가운 눈빛으로, 형식적으로 예배의 자리에 나아오지는 않았니? 그런 제사는 마치 똥을 네 얼굴에 바른 것과 같은 수치스러운 제사야. 그게 내가 원하는 제사였을까?

여전히 내게 돌아오지 않는 너를 보며 이 편지를 쓴다. 나를 너를 선택했고, 너와 약속했고, 너를 사랑해. 너는 나의 특별한 소유야. 내 사람이야. 모세를 통해 맺은 언약을 깨뜨린 건 너야. 하지만 기억하렴. 난 언약을 지킬 거야. 이제 내게로 돌아오렴. 나는 여전히 너를 사랑해.

이 언약을 지키기 위해 난 네게 엘리야를 보낼 거야. 바로 그 엘리야(*세례요한)가 메시아의 길을 준비할 거야. 그리고 그 길을 통해 메시아가 네게로 갈 거야. 그 메시아는 모세로 상징되는 율법과 엘리야로 상징되는 선지 제도를 하나로 묶어줄 거야. 나는 널 기다리는 거야. 네가 돌아오도록 오래 참는 거야. 하지만 결국 여호와의 날이 이를 거야. 그날에는 혈통적인 이스라엘이 아니라 나를 사랑하고 경외하는 모든 자들이 영적 이스라엘이 될 거야. 말라기를 통해서 너에게 구약의 마지막 러브레터를 보낸다.

너의 질문에 다시 답할게. 난 네게 관심이 많아. 그리고 널 사랑해. 여전히 믿지 못하겠다고? 메시아를 보렴. 그 메시아가 (십자가의 죽음으로) 내 사랑을 증명할 거야. 이제 그 메시아가 오기 전까지 내가 침묵하는 것처럼 느껴질 거야. 하지만 기억하렴.

나의 언약은 영원하다는 것을 말이야.

나의 사랑은 영원하다는 것을 말이야.

쉽고 재미있는 성경 개요 1

1판 1쇄 발행 2023년 6월 10일

지은이 김영호
발행인 김용민
발행처 함께걷는사람들
출판등록 제2023-0000141호
디자인 Designed by YONG
교정/감수 이은경
마케팅/홍보 소희옥

주소 서울시 강남구 영동대로602, 6층 E222(삼성동 미켈란107)
E-MAIL walkingtogether777@gmail.com
페이스북 함걷사
인스타그램 함걷사
ISBN 979-11-983305-2-9
ISBN 979-11-983305-1-2(세트)

무단 전재와 복제를 금합니다.
잘못되거나 파손된 책은 구입하신 서점에서 교환해 드립니다.
책 값은 책 표지에 있습니다.